선교단체 간사로 사역을 시작하던 때부터 오늘에 이르기까지,
목회자요 선교사로서 주님의 길을 잘 걸어가도록 늘 기도하며 힘이 되어 주신
아버지 故 윤여근 장로님과 어머님 김경자 권사님께 이 책을 바칩니다.
두 분의 사랑과 헌신, 믿음의 삶이 제 사역의 든든한 뿌리가 되었습니다.

내면세계로의 여행 - 영적성장을 위한 욕구 멘토링

지은이	윤환식
영어번역	윤하영
초판발행	2025년 6월 27일
펴낸이	배용하
책임편집	배용하
편집디자인	최지우
등록	제364-2008-000013호
펴낸 곳	도서출판 대장간
	www.daejanggan.org
등록한 곳	충청남도 논산시 가야곡면 매죽헌로1176번길 8-54
편집부	전화 (041) 742-1424
영업부	전화 (041) 742-1424 · 전송 0303 0959-1424
ISBN	978-89-7071-753-1 93230
분류	기독교 | 실천신학 | 목회상담

이 책은 저작권법에 의해 보호를 받는 출판물입니다.
기록된 형태의 허락 없이는 무단 전재와 복제를 금합니다.

 값 20,000원

내면세계로의 여행
영적성장을 위한 욕구 멘토링

An Inner Journey
Shaping Desire for Spiritual Growth

윤 환 식

- 추천사   13

- 1장 / 서론   21

- 2장 / 성경적 근거
    1. 욕구의 사전적 의미   24
    2. 긍정적 의미   24
    3. 부정적 의미   31
    4. 성경적 가르침   37
    5. 요약   41

- 3장 / 신학적 근거
    1. 어거스틴   43
    2. 존 칼빈   47
    3. 존 오웬   51
    4. 헤리뜨 꼬르넬리스 베르까우어   56
    5. 요약   61

목 차

4장 / 현대 기독교 상담 기법
1. 욕구 이론   62
2. 구약의 인물로부터 발견되는 네 가지 욕구   71
3. 신약의 인물로부터 발견되는 네 가지 욕구   80
4. 기독교 영적 치료 기법   90

5장 / 삶의 적용
1. 부정적 욕구 이해   95
2. 기독교 영적 치료 기법 적용   105

부록 / 욕구 설문지   134
미주   137
참고 문헌   146

Chapter 1. Introduction — 157

Chapter 2. Biblical Basis

1. Lexical Definition of Desire — 160
2. Positive Meaning — 160
3. Negative Meaning — 163
4. Biblical Teaching — 167
5. Summary — 169

Chapter 3. Theological Basis

1. Augustine — 171
2. John Calvin — 174
3. John Owen — 177
4. Gerrit Cornelis Berkouwer — 181
5. Summary — 185

Chapter 4. Modern Christian Counseling Techniques

  1. Theory of Needs   186

  2. The Four Needs Found in Old Testament Characters   193

  3. Four Desires Revealed by New Testament Figures   200

  4. Christian Spiritual Interventions   209

Chapter 5. Life Application

  1. Understanding Negative Desire   213

  2. Application of Christian Spiritual Interventions   223

Endnote   246

추천사

윤태호 목사 / 예수제자운동 대표

　윤환식 선교사의 신간 『내면세계로의 여행: 영적성장을 위한 욕구 멘토링』은 육군 정훈장교, 캠퍼스 선교단체 간사, 해외 선교사, 이민 교회의 목회자, 그리고 호주 현지인 교회의 목사로 사역해 온 저자의 다양한 경험을 바탕으로 하고 있다. 이 책은 그가 만난 여러 부류의 사람들과, 경계가 모호한 곳에서 현실의 무거운 짐을 지고 살아가는 유학생들, 이민자들, 그리고 다문화 공동체에서의 이야기를 담고 있으며, 바로 우리 모두의 이야기이기도 하다.

　학문적인 박사논문을 독자들의 영혼에 불을 밝힐 글로 펼쳐내는 저자의 진심 어린 글솜씨와 마음 씀씀이가 깊이 공감된다. 그리고 인간 내면의 욕망과 죄성의 파편들을 성경적으로 제시하며 그가 지향하는 신학적 척도로 고찰하고 성경적 상담학의 전형적인 틀에 매이지 않고 현대 기독교 상담 기법과 실제적인 치유 방식에 접목하며 해결책을 찾아가는 스토리가 감동적이다. 그냥 말로 하는 글이 아니라 독자들의 삶을 새롭게 하고자 하는 열망이 느껴진다.

그의 논지는 부정적 욕구에 대한 의미와 극복 방법으로 서술을 시작하지만, 그가 말하고자 하는 의도는 성경이 말하는 인간 본연의 연약함과 죄성을 간파하고 진정한 해결책으로 하나님을 신뢰하고, 하나님의 필요에 최우선을 두는 전통적이며 고전적인 성경적 상담학으로 답을 주고자 한다. 그래서 개혁주의적 신학자들의 의견을 우리에게 친절하게 소개한다.

하지만 그는 인간 균열의 삶을 방어하는 이들을 소개하는 것으로 그치는 것이 아니라 해결책을 우리에게 제시한다. 우리는 책을 읽으면서 우리의 짐을 내려놓는 법을 알게 될 것이다. 그래서 현대의 상담방식과 성경적 인물들을 분석하며 우리에게 영적 치료의 방식을 실제로 제시하고 있다.

이 책의 목적은 하나이다. 그것은 하나님께서 원하시는 삶으로 나아갈 수 있도록 돕는 것이고, 영적 치료기법으로 수도원적 배경을 가진 경건하고 거룩한 방식을 추구하도록 격려하고 있다. 말씀 읽기와 관계 회복, 기도와 묵상의 삶, 용서와 감사의 생활과 영적 독서와 영성 일기를 작성하는 실제적이고 구체적인 방식을 우리에게 요구하고 있다.

내면세계의 여행은 성공적으로 진행될 것이고 우리는 밝은 빛에서 아름다운 삶을 만들어가게 될 것이라는 희망을 주는 책이기에 기쁨으로 추천하는 바이다.

추천사

윤양중 목사 / 회복상담원 원장

『내면세계로의 여행: 영적성장을 위한 욕구 멘토링』의 출간을 진심으로 축하드린다.

이 책은 현대인의 분주하고 소외된 삶 속에서 자칫 간과되기 쉬운 '내면의 세계'를 주제로 삼아, 독자들로 하여금 자기 성찰의 여정을 걷게 한다. 인간에게는 삶의 동력이 되는 욕구, 욕망, 탐심이 있다. 욕구는 생존을 위해 무엇을 얻거나 바라는 마음이다. 욕망은 부족결핍을 느껴 무엇을 가지거나 누리고자 하는 간절한 마음이다. 탐심은 지나치게 탐하는 욕망이다. 이 책은 인간 안에 흐르는 부정적인 욕망을 발견하여 치유하고 성장하는 원리를 담았다. 각 장마다 성경과 신학자 그리고 상담학적으로 중심 주제를 명확히 설정하고, 독자들이 영적 성장의 단계들을 자연스럽게 따라갈 수 있도록 체계적으로 전개되어 있다. 이와 같은 논리적 흐름은 독자들에게 혼란을 주지 않고, 오히려 마음 깊이 신뢰감을 심어준다.

저자는 단지 신학적 지식이나 이론을 나열하는 데 그치지 않고, 실제 삶의 이야기와 목회적 경험, 영적 원리를 유기적으로 엮어낸다. 마치 내면의 지도 한 장을 펼쳐 놓고 그 길을 함께 걸어주는 안내자처럼 느껴진다. 이러한 전개 방식은, 독자들이 단순한 정보의 습득을 넘어, 실질적인 삶의 변화로 이어질 수 있도록 돕는다.

이 책은 특별히 자신의 신앙을 더욱 깊이 있게 정비하고자 하는 이들에게 권하고 싶다. 신앙의 뿌리를 더 깊이 내리고자 하는 성도, 영혼의 돌봄을 감당하는 목회자와 사역자, 그리고 회복과 치유를 소망하는 이들에게 참된 지침서가 되어 줄 것이다.

저자의 깊은 통찰과 따뜻한 격려가 담긴 이 책이 많은 이들에게 영적 여정의 동반자가 되기를 진심으로 기도한다.

Foreword

Dr. Andre van Oudtshoorn (BA, BD, Dip Th, DTh)
(Senior Lecturer and Former Principal of Perth Bible College)

In this thoughtful and wide-ranging study, the author explores the nature of human desire—both its beauty and its brokenness—through biblical, theological, and psychological lenses. By tracing the biblical term *epithymia* across its various uses, both positive and negative, the book offers readers a rich theological anthropology grounded in Scripture. Engaging with diverse theological perspectives on the role of human desires in the Christian life and integrating modern counselling theory, the work carefully demonstrates how desire, when distorted by sin, shapes the person and misdirects the heart's pursuit of God. Yet it also charts a path toward spiritual growth, urging a journey marked by the identification and transformation of dominant human desires in light of the person and work of Christ. Augustine famously said, "Love God and do whatever you please: for the soul trained in love to God will do nothing to offend the One who is Beloved." The author demonstrates how the practice of key spiritual disciplines can help believers cultivate desires that reflect such a profound love of God, leading to spiritual freedom. This book is a timely resource for those seeking depth and clarity in understanding spiritual transformation.

1장 / 서론

하나님은 인간을 하나님의 형상을 따라 선하게 창조하셨다. 인간이 처음 창조될 때 인간에겐 어떤 악한 생각이나 악한 욕망이 없었다. 그러나 아담과 하와의 불순종으로 말미암아 죄가 세상에 들어왔다. 이에 따라 인간의 본성은 부패해졌고, 스스로 참된 선을 행할 수 없으며, 온갖 종류의 죄를 행하게 되었다.[1]

이런 죄의 원천은 인간의 마음에 있다. 성경은 죄의 근원이 마음에 있다고 말한다. 마음은 인간의 사고, 감정, 의지를 포함한 인간 존재의 핵심이다. 이렇듯 인간 삶의 원천인 마음에 죄가 있기에, 삶 전체가 죄의 영향을 받는다. 우리는 다음과 같은 성경 구절을 통해 이 사실을 알 수 있다. "만물보다 거짓되고 심히 부패한 것은 마음이라 누가 능히 이를 알리요마는"렘 17:9, "모든 지킬 만한 것 중에 더욱 네 마음을 지키라 생명의 근원이 이에서 남이니라"잠 4:23, "마음에서 나오는 것은 악한 생각과 살인과 간음과 음란과 도둑질과 거짓 증언과 비방이니."마 15:19 [2]

존 오웬John Owen은 죄를 인간 영혼 안에서 작용하는 경향성으로 보았다. 특히 죄의 경향성은 마음 안에서 성향으로 나타난다. 마음의 성향은 마음 안에서 일어나는 작용의 방향성을 결정한다. 마음의 성향은 인간의 지성과 감정 그리고 의지에 관여한다. 오웬은 이것을 마음의 틀the frame of heart라 표현했다. 마음의 틀은 죄의 성향에 지배 받을 수 있고 동시에 은혜의 성향에 지배 받을 수 있다. 마음의 틀이 죄의 성향에 지배 받으면, 자기 자랑과 정욕을 통한 육욕을 지향하는 더러운 틀이 된다. 그러나 마음의 틀이 은혜의 성향을 지배 받으면 하나님 사랑과 거룩한 열심을 통해 하나님의 기쁨을 지향하는 은혜의 틀이 된다.3

이렇듯 인간의 마음이 어디에 지배를 받느냐에 따라, 인간의 욕구는 하나님의 기쁨을 또는 인간의 탐욕을 추구한다. 욕구가 죄의 성향에 지배를 받으면, 결국 부정적 욕구sinful desire가 된다. 죄의 성향에 지배를 받는 부정적 욕구는 성도의 삶과 신앙에 크게 영향을 미친다. 그러므로 우리는 내면에 있는 이 욕구의 활동에 대해 깊은 관심을 가질 필요가 있다. 필자는 이 욕구의 활동을 살펴봄으로써, 영적 성장을 위한 내면의 여행을 떠나 보려 한다.

이를 위해 첫째, 성경에서 욕구에 대해 어떻게 말씀하시는지 살펴보겠다. 이를 위해 먼저 욕구의 사전적 의미를 파악한 후, 성경에서 욕구라는 단어가 긍정적으로 그리고 부정적으로 사용된 예들을 살펴보겠다. 또한, 성경에서 성도의 내면에 작용하는 부정적 욕구를 어떻게 다루어야 하는지에 대해서도 살펴보겠다. 둘째, 신학적 관점에서 욕구에 대한 여러 신학자들의 견해를 살펴보겠다. 구체적으로, 어거스틴Augustine, 존 칼빈John Calvin, 존 오웬John Owen, 헤리뜨 꼬르넬리스 베르까우어Gerrit Cornelis Berkouwer의 신학적 관점을 소개하겠다. 셋째, 현대 기독교 상담 기법에서 욕구에 대한 이론을 제시하겠다. 이를 위해, 심리학자 아브라함 해럴드 매슬로Abraham Harold Maslow, 데이비드 맥클리랜드David McClelland, 윌리엄 글래서William Glasser의 욕구 이론을 통해 이들이 공통적으로 주장하는 4가지 욕구를 살펴보고, 그에 맞는 구약과 신약 인물들을 소개하겠다. 마지막으로, 부정적 욕구 극복을 위한 기독교 영적 치료 기법에 대해 논의하겠다.

2장 / 성경적 근거

1. 욕구 ἐπιθυμία의 사전적 의미

성경에서 욕구는 헬라어로 에피두미아 ἐπιθυμία이다. 에피두미아 ἐπιθυμία는 욕망 desire, 동경, 사모 longing의 뜻이 있다. 긍정적인 의미로는 동경, 사모 longing로 누가복음 22장 15절, 빌립보서 1장 23절, 데살로니가전서 2장 17절에서 사용되었다. 부정적인 의미로는 욕심, 정욕 sinful desire으로 사용될 수 있는데, 로마서 7장 7-8절, 야고보서 1장 14-15절, 베드로후서 1장 4절 등에서 찾아볼 수 있다. 마지막으로 중성적인 의미로 욕망 desire이 있는데 마가복음 4장 19절, 요한계시록 18장 14절에서 찾아볼 수 있다.4

2. 긍정적 의미

성경에서 에피두미아 ἐπιθυμία가 긍정적으로 사용될 때는 사람의 선한 욕망이나 욕구를 드러낸다. 신약성경에서 에피두미아 ἐπιθυμία가 긍정적으로 사용된 곳은 모두 세 곳이다. 눅 22:15; 빌 1:23; 살전 2:17 이 성경 구절을 통해 에피두미아ἐπιθυμία가 어떻게 긍정적으로 사용되었는지 살펴보겠다.

(1) 누가복음 22장 15절

> "이르시되 내가 고난을 받기 전에 너희와 함께 이 유월절 먹기를 원하고 원하였노라." 눅 22:15 "And he said to them, "I have eagerly desired to eat this Passover with you before I suffer" NIV "και ειπεν προς αυτους επιθυμια επεθυμησα τουτο το πασχα φαγειν μεθ υμων προ του με παθειν"

이 말씀은 예수님께서 제자들과 함께 나누신 최후의 만찬에서 하신 중요한 발언이다. "내가 고난을 받기 전에 너희와 함께 이 유월절 먹기를 원하고 원하였노라"는 말씀은 예수님의 깊은 마음을 드러낸다. 예수님은 십자가에서의 고난을 앞두고 제자들과 마지막으로 함께 식사하기를 간절히 원하셨다. 에피두미아ἐπιθυμία라는 단어는 간절히 바라는 소원을 의미하는데, 예수님께서 제자들과의 이 특별한 유월절 식사를 얼마나 간절히 원하셨는지 잘 보여준다. 예수님은 사도들과 함께 마지막 유월절을 보내고자 하는 간절한 소원을 성취하셨다.5

예수님은 자신이 얼마나 열두 제자와 유월절 식사하기를 바라고 열망했는지 나타내시기 위해 셈어적인 표현을 사용하신다. 헬라어 구문 επιθυμια επεθυμησα은 내가 몹시 열망해 왔다는 뜻으로, 문자적으로는 '내가 열망으로 열망했다'는 뜻이다. 이는 이중의 열망이 드러난 표현으로, 단순히 한 번의 소망이 아니라 예수님이 이 특별한 순간을 위해 얼마나 깊이 준비하고 애써 왔는지를 보여준다. 제자들과의 식사는 예수님이 몹시 바라는 열렬한 바람이었다. 이 바람은 지금 이루어졌고 예수님은 조금도 슬픈 기색을 드러내지 않았다.6

예수님은 식사가 시작되자마자 자신이 얼마나 식사하기를 열망했는지 말씀하신 것은 그 순간의 중요성을 강조하는 강력한 표현이다. 여기서 에피두미아 επιθυμια는 '원함'이라는 의미로 여격으로 사용되었다. 여격 용법은 일반적으로 동사를 강화하기 위해 사용된다. 이는 예수님이 제자들과 함께 식사하기를 얼마나 간절히 원했는지 보여준다.7

위의 내용을 종합해 보면, 예수님은 십자가에서 돌아가시기 전에 마지막으로 제자들과 간절히 유월절 식사하기를 원했다. 여기서 에피두미아 επιθυμια라는 단어는 예수님의 간절한 소원을 표현하는 데 사용되었다.

(2) 빌립보서 1장 23절

"내가 그 둘 사이에 끼었으니 차라리 세상을 떠나서 그리스도와 함께 있는 것이 훨씬 더 좋은 일이라 그렇게 하고 싶으나"빌 1:23 "For I am in a strait between two, having a desire to depart, and to be with Christ; which is far better." NIV "συνεχομαι δε εκ των δυο την **επιθυμιαν** εχων εις το αναλυσαι και συν χριστω ειναι πολλω γαρ μαλλον κρεισσον"

감옥에 갇힌 바울은 빌립보 성도들에게 편지를 보낸다. 특별히 이 구절에서 바울은 자신이 이 세상 삶을 마감하고 주님과 함께 있기를 원한다고 솔직하게 표현한다.

바울은 죽고 싶다는 완곡한 표현을 사용하여 그리스도와 함께하고 싶다는 자신의 욕망을 표현했다. 이는 단순히 생의 끝을 원하는 것이 아니라, 그리스도와 함께하고 싶다는 간절한 열망을 의미한다. 바울은 자신의 삶의 여정 속에서 수많은 고난과 역경을 겪으면서도, 이러한 고백이 진정한 소망임을 깨달았다. 바울이 이생을 떠나고 싶다는 갈망은 단순한 회피가 아니라 그리스도와 함께 있게 될 것에 대한 깊은 신념에 기초하고 있다. 결국 그리스도와 함께 있는 것이야말로 바울에게는 가장 큰 열망이었다.8

바울이 가장 선호했던 대안은 "세상을 떠나서 그리스도와 함께 있는 것"인데, 이것은 그의 신앙과 삶의 중심이 무엇인지 잘 보여준다. 이 표현은 바울에게 단순한 소망이나 바람을 넘어서, 그의 삶의 궁극적인 목표와도 같은 의미이다. 에피두미아$\epsilon\pi\iota\theta\upsilon\mu\iota\alpha$라는 단어는 바울의 이러한 강한 열망을 표현하는 데 중요한 요소로 작용한다. 특히 정관사 'την'이 앞에 위치해 있다는 점은, 바울이 그리스도와 함께 하는 것을 단순한 바람이 아닌, 자신의 소유로 간주하고 있다. 바울은 내가my 소유하고 있다고 표현하는데, 이는 사도의 강한 열망을 나타낸다. 게다가 바울은 현재형 'εχων'having을 'επιθυμια'와 함께 사용하여, 그가 열렬하게 그리고 계속해서 갈망하고 있음을 강조한다. 이는 그의 갈망이 일시적인 것이 아니라, 지속적이고 활발한 상태임을 보여준다.9

앞에서 살펴보았듯이, 에피두미아επιθυμια는 긍정적인 의미로 사도 바울이 개인적으로 육신의 장막을 벗고 그리스도께로 가는 것을 간절히 열망하는 데 사용되었다. 이 단어는 바울의 내면 깊은 곳에서 우러나오는 갈망을 잘 드러낸다.

(3) 데살로니가전서 2장 17절

> "형제들아 우리가 잠시 너희를 떠난 것은 얼굴이요 마음은 아니니 너희 얼굴 보기를 열정으로 더욱 힘썼노라"살전

2:17 "But, brothers, when we were torn away from you for a short time in person, not in thought, out of our intense longing we made every effort to see you." NIV "ημεις δε αδελφοι απορφανισθεντες αφ υμων προς καιρον ωρας προσωπω ου καρδια περισσοτερως εσπουδασαμεν το προσωπον υμων ιδειν εν πολλη *επιθυμια*"

사도 바울은 데살로니가 성도들을 직접 만나기 위해 열정적으로 모든 노력을 다했다고 고백한다. 그는 데살로니가 교회에 대한 특별한 애정을 가지고 있었고, 그들의 신앙이 성장하고 있는 모습을 보면서 더욱 그들과의 만남을 갈망했다.

바울은 실라와 함께 데살로니가로 돌아가기 위해 마음에서 우러나는 진지한 노력을 했음을 말하고 싶어 한다. 그들은 단순히 성도를 만나고자 하는 소망을 넘어서, 그들의 신앙을 더욱 깊이 이해하고 지원하기 위한 강한 열망을 품고 있다. 이런 자신들의 강한 열망을 표현하기 위해 부사 한 개더욱, 강력한 동사 한 개힘쓴다, 그리고 전치사구 한 개열정으로를 사용한다. 이는 바울이 데살로니가 성도들과 다시 만나는 것에 대해 얼마나 절실하게 생각하고 있는지를 잘 드러낸다. 여기서 에피두미아επιθυμια는 '열정으로'라는 의미로, 바울과 실리가 데살로니가 성도들 얼굴 보기를 간절히 바라는 마음을 표현한다.**10**

바울은 자식과 억지로 떨어진 부모의 심정으로 편지를 쓰고 있다. 아이와 떨어진 부모의 마음은 매우 고통스럽고 그리움과 애틋함이 가득하다. 이와 같은 맥락에서 바울은 이제 막 음식을 먹기 시작한 아이를 둔 엄마의 심정을 떠올린다. 그 엄마는 사랑하는 자녀가 자신의 곁에 없다는 사실에 가슴 아파하며 아이와의 재회를 간절히 바란다. 이와 같은 마음이 바로 바울의 심정이다. 바울은 강제로 데살로니가 성도로부터 떨어졌기 때문에, 그의 온 마음과 존재 전체로 그들과 다시 만나기를 갈망한다. 이것은 바울이 데살로니가 성도들에 대해 품고 있는 깊은 일체감에 대한 자신의 깊은 속마음을 표현한 것이다. 바울은 데살로니가 성도를 사랑하는 마음으로 가득 차 있으며, 그들의 믿음과 영혼을 책임지려는 강한 열망을 가지고 있다. 바울의 모든 생각은 근심하는 부모의 마음으로 자녀들을 다시 보는 데 온 마음이 쏠려있다. 에피두미아επιθυμια의 단어에 바울의 이런 심정이 담겨있다.11

이상에서 살펴본 것처럼 에피두미아επιθυμια라는 단어는 긍정적인 일들에 대한 간절한 열망, 갈망, 소원을 나타내는 데 사용되었다. 이 단어는 단순히 어떤 것을 원한다는 차원을 넘어서, 그 욕망의 깊이와 열정을 생생하게 드러낸다. 예수님께서 제자들과 유월절 식사를 나누고자 하신 마음은 에피두미아επιθυμια를 통해 잘 표현된다. 예수님은 자신의 사역의 정점에서 제자들과의 식사에 대한 간절한 열망을 품고 있었다. 바울은 이 생의 삶을 마치고 예수 그리스도와의 완전한 연합을 갈망했다. 이런 그의 욕망이 에피두미아επιθυμια를 통해 잘 드러났다. 또한 바울이 데살로니가 성도들과 다시 만나는 것을 갈망했던 마음 역시 에피두미아επιθυμια의 긍정적인 욕망의 의미를 잘 설명한다.

3. 부정적 의미

에피두미아επιθυμια는 긍정적인 의미로 사용되기도 하였지만, 반대로 탐욕과 탐심, 욕망, 몸의 사욕, 정욕, 육신의 일, 육체의 욕심 등 부정적인 의미로 사용되는 예가 성경에 많다. 성경의 예는 무수히 많다. 이들 중에 대표적인 성경 에베소서 2장 3절, 야고보서 1장 15절, 요한일서 2장 16절을 살펴보겠다.

(1) 에베소서 2장 3절

> "전에는 우리도 다 그 가운데서 우리 육체의 욕심을 따라 지내며 육체와 마음의 원하는 것을 하여 다른 이들과 같이 본질상 진노의 자녀이었더니"엡 2:3 "All of us also lived among them at one time, gratifying the cravings of our sinful nature and following its desires and thoughts. Like the rest, we were by nature objects of wrath." NIV "εν οις και ημεις παντες ανεστραφημεν ποτε εν ταις **επιθυμιαις** της

σαρκος ημων ποιουντες τα θεληματα της σαρκος και των διανοιων και ημεθα τεκνα φυσει οργης ως και οι λοιποι"

바울의 고백은 거듭나기 전 성도의 모습을 명확히 드러낸다. 여기서 바울은 우리 모두가 한때는 육체의 욕심을 따라 살던 존재였음을 밝히고 있다.

'욕심'은 육체와 마음이 원하는 것으로 자연스러운 육체의 욕구와 죄성을 지닌 욕구가 있다. 하나님은 인간의 육체가 자연스러운 욕구를 지니도록 만드셨다. 예를 들어 식욕, 수면욕, 성욕은 모두 우리의 생존과 삶의 질에 필수적인 요소들이다. 이것은 자연스러운 육체적 욕구이다. 그러나 식욕이 폭식으로 변할 때, 수면욕이 나태함으로 흐를 때, 성욕이 육욕으로 바뀔 때, 자연적 욕구가 죄성을 가진 욕구로 왜곡된다. 게다가 욕심은 육체적인 욕구를 넘어 정신적인 잘못된 욕구까지 포함한다. 예를 들면, 지적 교만, 잘못된 야심, 진리에 대한 거부, 악의나 복수심 등이 포함된다. 이처럼 바울이 이곳에서 언급하는 욕심επιθυμια은 왜곡된 죄성을 가진 욕구로, 우리가 본래의 목적을 잃고 타락한 인간임을 드러내는 중요한 개념이다.[12]

이곳에서 육체의 욕심은 하나님께 죄를 짓고 하나님을 반대하며 하나님을 불쾌하게 하는 죄이다. 육체의 욕심은 단순한 신체적인 욕구를 넘어서, 인간이 자신의 목적만을 추구하고 육욕을 탐닉하는 상태를 말한다. 이것은 하나님께서 의도하신 삶의 방식과는 완전히 반대되는 방향으로 나아가는 것이다. 인간은 이러한 육체의 욕심에 의해 삶이 지배 받고 있으며, 그 욕망으로 가득 차 있다. 결과적으로, 인간의 삶은 자신을 중심으로 한 이기적인 욕구로 가득 차게 되고, 이러한 삶은 하나님과의 관계를 멀어지게 한다. 죄인으로서 육체의 욕심은 사람들의 전 인격을 지배하기 때문에, 그들의 마음속은 죄로 온통 더럽혀져 있다. 더 나아가, 이러한 육신의 욕심은 인간의 생각을 오염시키며, 오염된 생각은 결국 인간의 행동을 지배한다. 이곳에서 욕심επιθυμια은 하나님을 거역하는 육체의 죄를 의미한다.13

이처럼 이곳에서 에피두미아επιθυμια는 하나님을 거역하는 죄를 짓게 하는 부정적인 의미로 사용되었다.

(2) 야고보서 1장 15절

> "욕심이 잉태한즉 죄를 낳고 죄가 장성한즉 사망을 낳느니라"약 1:15 "Then, after desire has conceived, it gives birth to sin; and sin, when it is full-grown, gives birth to death."NIV "ειτα η **επιθυμια** συλλαβουσα τικτει αμαρτιαν η δε αμαρτια αποτελεσθεισα αποκυει θανατον"

이 말씀은 인간의 내면에서 벌어지는 심각한 영적 부패 과정을 깊이 있게 설명한다. 야고보는 사람이 시험을 당하는 이유를 자신의 욕심에 미혹된 결과 때문이라 진술한다. 이후 야고보는 욕심이 죄로 죄가 사망으로 이어짐을 설명한다.

에피두미아επιθυμια는 신약 성경에서 사용되는 어휘 중에서도 특히 상반된 의미를 지니고 있는 단어이다. 이 단어는 긍정적인 의미로서 열망이나 갈망을 나타낼 수 있지만, 동시에 '악한 욕심, 탐욕, 잘못된 야심'과 같은 경멸적인 의미도 함께 가지고 있다. 특히 이 문맥에서 욕심은 악의 유혹 속에서 이기적이고 자기만족에만 급급한 인간의 모습을 묘사한다. 욕심은 마치 물고기가 미끼에 끌려 유혹에 빠지는 모습이다. 이는 일시적인 쾌락이나 욕망을 추구하다가 결국 더 큰 해를 입게 되는 모습을 상징적으로 보여준다. 여기서 욕심은 사람을 쾌락의 세계로 끌어들여, 결국에는 희생자로 만드는 어떤 힘을 의미한다.14

야고보는 죄의 생활 주기를 욕심, 죄, 사망으로 묘사한다. 여기서 욕심은 우리를 미혹 시키려고 유혹하는 요부의 이미지이다. 욕심은 우리 안에 있는 갈망이 이끄는 유혹을 받아 죄를 낳는다. 욕심이 죄를 잉태하는 이 과정은 마치 생명이 태어나는 것과 같아, 낳는다는 의미에서 욕심επιθυμια은 성적 의미를 함축하며 생생한 성에 대한 비유적 표현이다. 이런 의미에서 욕심은 부모의 역할을 하며, 그것이 죄라는 자녀를 낳게 된다. 그리고 이 자녀는 성장하여 결국 사망이라는 손자를 낳는다.15

이 구절은 욕심의 위험성과 그로 인해 발생하는 죄의 고리를 경고한다. 이곳에서 사용된 에피두미아ϵπιθυμια는 죄와 사망을 낳은 욕심이라는 부정적인 욕구로 사용 되었다.

(3) 요한일서 2장 16절

"이는 세상에 있는 모든 것이 육신의 정욕과 안목의 정욕과 이생의 자랑이니 다 아버지께로부터 온 것이 아니요 세상으로부터 온 것이라" 요일 2:16 "For everything in the world--the cravings of sinful man, the lust of his eyes and the boasting of what he has and does--comes not from the Father but from the world." NIV "οτι παν το εν τω κοσμω η **επιθυμια** της σαρκος και η επιθυμια των οφθαλμων και η αλαζονεια του βιου ουκ εστιν εκ του πατρος αλλ εκ του κοσμου εστιν"

이 말씀은 성도들에게 주는 중요한 경고와 권면을 담고 있다. 요한은 성도들에게 이 세상의 것을 사랑하지 말라고 강하게 권고하고 있다. 그 이유는 명확한데, 이 세상에 있는 모든 것들이 본질적으로 정욕적인 특성을 지니고 있기 때문이다. 이러한 것들은 하나님 아버지께로부터 온 것이 아니라 세상으로부터 온 것이라고 요한은 강조한다.

먼저 육체의 정욕은 단순한 육체적 욕망만을 의미하지 않는다.

즉, 육체의 정욕은 인간이 하나님과의 관계에서 벗어나, 자신의 욕구와 쾌락을 우선시하는 경향을 나타낸다. 이는 하나님을 적대하는 타락한 인간의 본성에 대한 일반적인 언급을 의미한다. 이러한 육체의 정욕은 인간의 삶에 깊이 뿌리 내려 있어, 하나님께서 의도하신 삶의 방식에서 벗어나 결국 하나님과의 관계를 해친다. 다음으로, 안목의 정욕은 문자적으로 보면 '눈들의 정욕'이라고 표현할 수 있다. 이는 시각을 통해 쾌락을 추구하는 경향을 의미한다. 사람은 보는 것을 도구로 삼아 다양한 욕망을 자극 받고 쾌락을 쫓는다. 결국, 눈은 잘못된 정욕을 허락하고 자라나게 하는 방법과 수단이 된다.마 5:28 이곳에서 에피두미아 επιθυμια라는 단어는 두 가지 정욕, 즉 육신의 정욕과 안목의 정욕을 나타내는 의미로 사용되었다.16

에피두미아επιθυμια는 이 구절에서 세상이 지배하는 탐심과 욕망의 의미로 사용되고 있다. 특히. 육신의 정욕과 안목의 정욕, 그리고 이생의 자랑은 '섹스, 돈, 권력'으로 번역할 수 있다. 이것은 인간이 물질적, 정신적, 영적인 것들을 의도하고 갈망하며 원하고 의지하는 것을 의미한다. 우리가 이러한 욕망을 이해 할 때, 중요한 것은 단순히 특정한 행위를 절제하거나 정죄하는 것이 아니라, 이러한 갈망과 의지가 어디로 향하고 있는지를 파악하는 것이다. 즉 그리스도인의 욕망은 하나님을 향해야 한다.17

이상에서 살펴본 본문을 통해 에피두미아επιθυμια는 인간의 본성과 그로 인해 발생하는 부정적인 욕구를 설명하는 데 중요한 역할을 하고 있음을 알 수 있다. 에피두미아ɛπιθυμια는 단순한 욕망이나 갈망을 넘어서, 하나님의 뜻을 노골적으로 거역하는 인간의 죄성을 드러내는 개념으로 사용된다. 즉, 에피두미아ɛπιθυμια는 하나님으로부터 멀어지게 하고, 결국에는 하나님과의 관계를 해치는 부정적인 욕구이다.

4. 성경적 가르침

그리스도인은 죄성과 관련된 부정적인 욕구에 머물러 있으면 안 된다. 성경의 많은 곳에서 이런 부정적인 욕구에 대해 성도가 어떠한 태도를 취해야 하는지 알려준다. 이곳에서는 베드로전서 1장 14-15절을 통해 성도가 부정적인 욕구를 어떻게 다루어야 하는지 살펴보겠다.

> "너희가 순종하는 자식처럼 전에 알지 못할 때에 따르던 너희 사욕을 본받지 말고, 오직 너희를 부르신 거룩한 이처럼 너희도 모든 행실에 거룩한 자가 되라"벧전 1:14-15 "As obedient children, do not conform to the evil desires you had when you lived in ignorance. But just as he who called you is holy, so be holy in all you do;"NIV "14ως τεκνα υπακοης μη συσχηματιζομενοι ταις προτερον εν τη αγνοια υμων **επιθυμιαις** 15αλλα κατα τον καλεσαντα υμας αγιον και αυτοι αγιοι εν παση αναστροφη γενηθητε"

(1) 베드로전서 1장 14절

베드로는 성도를 '순종하는 자식'이라 표현한다. 이 표현은 성도가 하나님을 아버지로 인정하고, 그분의 뜻을 따르는 존재임을 나타낸다. 성도는 복음의 부르심을 듣고 그 부르심에 주의를 기울이는 순종의 자식이다. 복음의 부르심에 순종하는 것은 단순한 의무가 아니라, 그리스도인의 정체성과 삶의 본질이며 하나님의 자녀로서 어떤 삶을 살아야하는지를 보여준다.**18**

> 너희가 순종하는 자식처럼 전에 알지 못할 때에 따르던 너희 사욕을 본받지 말고 벧전 1:14, 개역개정 ως τεκνα υπακοης μη συσχηματιζομενοι ταις προτερον εν τη αγνοια υμων επιθυμιαις

성도는 그리스도인이 되기 전 모습을 본받지 말아야 한다. 거듭나기 전 모습의 특징으로 바울은 무지를 언급한다. 하나님에 대한 지식이 부족하고, 무엇을 위해 살아야 하고 무엇이 진정 중요한지 모르는 이 무지로 인해 과거에 우리는 정욕사욕을 쫓는 삶을 살았다.**19**

본받는다는 뜻은 누군가의 행동이나 태도를 흉내를 낸다는 의미이다. 이것은 단순한 모방을 넘어, 가치관이나 삶의 방식까지 따르는 것이다. 성도는 회심하기 전에 세상의 흉내를 내던 사람이었다. 세상의 기준에 맞춰 삶을 꾸미고, 그에 따라 행동하며 살았다. 회

심하기 전 성도는 세상의 쾌락을 좇아 자신을 꾸미던 사람이었다.20

성도는 세상 사람들의 정욕을 본받지 말아야 한다. 여기서 '본받지 말고'의 헬라어 'συσχηματιζόμενοι'는 이곳에서 그리고 로마서 12장 2절에서 유일하게 사용된 매우 특별한 표현이다. 이 단어는 금지 명령을 나타내며, 이는 윤리적 가르침에 있어서 독자들에게 강력한 경고와 함께 명령의 의미를 가진다. 베드로는 '사욕'을 본받지 말라고 하는데, 여기서 사욕은 악한 욕망들, 정욕들, 충동들을 의미한다. 이것은 성욕에 한정된 정욕이 아니라, 재물, 권력, 쾌락의 온갖 종류의 일반적인 자기중심적인 욕망을 가리킨다.21

(2) 15절

베드로는 세상의 사욕을 본받는 대신 자식이 아버지를 닮는 것처럼, 거룩하신 하나님 아버지처럼 거룩한 자가 되라고 명령한다. 베드로는 하나님 아버지에 대한 칭호로 '거룩한 이'라고 부른다. 하나님의 거룩하심은 성도가 따라야 할 본보기이다. 하나님은 성도들을 불러 그의 거룩함에 참여하게 하셨다. 이방인 그리스도인들은 거룩하신 하나님에 의해 부르심을 입은 사람들이다.벧전 2:9 이것이 그리스도인들의 정체성이며, 왜 그들이 하나님의 거룩하심을 자신들의 행실을 위한 본으로 삼아야 하는지 보여준다. 베드로는 '모든 행실'에 거룩한 자가 되라고 명령한다. 여기서 모든 행실은 특정한 상황이나 시간에 국한되지 않고, 우리 일상생활 전반을 뜻하는 포괄적인 의미이다. 그리스도인은 언제 어디서든지 매일매일의 행실이 거룩해야 한다. 거룩하다는 의미는 선하고2:12, 3:16, 정결하며3:2, 두려워해야3:2 한다는 내용을 의미한다.22

사람들의 마음속에는 세상의 악이라는 죄의 틀이 깊게 자리 잡고 있다. 거룩함이란, 이 죄의 틀이 깨어지는 것이다. 거룩하신 하나님이 우리 삶을 위한 틀의 원형이 되신다. 우리는 원형이 되시는 하나님을 모방하는 자가 되어야 한다. 하나님의 거룩하심이 우리의 삶에 반영되어 나타나야 한다. 의로운 행동은 성품에서 자연스럽게 흘러나온다. 하나님의 의로운 행동은 그분의 거룩한 성품에서 기인한다. 우리도 하나님의 거룩한 성품을 닮아 삶의 방식에서 드러나야 한다. 그리스도인의 거룩함은 마음에서의 변화로부터 시작된다. 우리의 마음이 변하면 그 결과로 의로운 행동이 삶 속에서 자연스럽게 드러날 것이다.23

이상에서 베드로는 부정적인 욕구를 극복하는 방법으로 거룩하신 하나님을 본받으라고 권면한다. 하나님을 닮아 거룩한 존재가 될 때, 부정적인 욕구를 이겨낼 수 있다. 부정적인 욕구는 종종 우리 삶의 다양한 영역에서 다양한 모습으로 나타난다. 이러한 부정적인 욕구를 극복하는 핵심은 거룩함 인데 바로, 하나님의 거룩함을 본받는 것이다.

5. 요약

지금까지 욕구ἐπιθυμία에 대한 사전적 의미와 이것이 성경에서 어떻게 긍정적으로, 부정적으로 사용되었는지 그리고 어떻게 부정적 욕구를 극복해야 할 지에 대한 성경적 근거를 살펴보았다. 먼저 긍정적으로 사용된 경우는, 예수님께서 십자가에 달리시기 전에 제자들과 마지막 식사를 같이 하기를 간절히 원하셨다. 에피두미아 επιθυμια가 예수께서 간절히 원하는 소원으로 사용되었다. 둘째, 바울이 감옥에 갇혀 있을 때, 빌립보서 성도들에게 자신이 이생을 떠나 그리스도와 함께하고 싶다는 열망을 에피두미아επιθυμια로 표현한다. 셋째, 바울은 실라와 함께 데살로니가로 돌아가 성도들 얼굴 보기를 간절히 바라는 마음을 표현할 때 에피두미아επιθυμια를 사용한다.

에피두미아επιθυμια는 자연적 욕구가 죄성을 가진 부정적 욕구로 바뀔 때 죄가 된다. 성경은 이런 부정적 욕구를 욕심, 탐욕, 정욕, 탐심, 자랑, 사욕 등으로 표현한다. 이상으로 본 것처럼, 욕구 자체는 나쁜 것이 아니다. 하지만 타락한 인간의 죄성으로 인해 욕구는 부정적으로 드러나게 되는데, 곧 죄의 모습으로 나타난다. 성경은예, 벧전 1:14-15 성도가 이런 부정적 욕구에 머물어 있으면 안되며, 이것을 극복해야 함을 말씀한다.

그러면 보다 실제적인 방안으로 성도는 어떻게 거룩해질 수 있는가? 필자는 이를 살펴보기 전에 먼저, 여러 신학자를 통해신학적 근거 죄성에 대해 더 깊이 살펴보길 원한다. 왜냐하면 앞서 보았듯이 부정적 욕구는 타락으로 인해 생긴 죄성의 열매이기 때문이다.

3장 / 신학적 근거

앞서 살펴보았듯이, 에피두미아επιθυμια는 인간의 죄성으로 인해 생겨난 부정적 욕구임을 알 수 있다. 필자는 이제 신학자 어거스틴 Augustine, 존 칼빈John Calvin, 존 오웬John Owen, 헤리뜨 꼬르넬리스 베르까우어Gerrit Cornelis Berkouwer들을 통해 부정적 욕구와 죄성에 대한 신학적 근거를 살펴보려 한다.

1. 어거스틴Augustine, 354-430년

어거스틴은 죄의 정의, 결과, 극복에 대해 신학적으로 잘 다루었다.

(1) 죄의 정의

죄에 대한 그의 개념은 『하나님의 도성The City of God』과 『고백록 Confession』, 그리고 그 외의 저서 등에서 볼 수 있다. 먼저 어거스틴은 아담의 타락으로 인해 모든 인간은 죄의 지배를 받는 존재가 되었다고 본다. 이러한 죄의 지배로 인해, 인간의 정신은 어두워졌고 약해졌다. 인간은 죄로 인해 명료하게 사고할 수 없으며 무엇보다도 고상한 영적 진리와 개념을 이해할 수 없다.[24]

게다가 인간의 의지도 죄 때문에 약해졌다. 어거스틴은 죄를 하나님의 의Justice가 금지한 것을 계속 추구하고, 이로부터 자유로워지려는 인간 의지의 왜곡으로 정의한다.[25]

이처럼 죄는 하나님이 아니라 인간의 왜곡된 의지로부터 기원한다. 이런 왜곡된 의지는 하나님의 완전한 선을 추구하지 못하고, 이보다 더 낮은 가치를 계속 추구하려 한다. 하나님의 완전한 선에 이를 수 없도록 열등한 가치를 끊임없이 추구하는 욕망은 죄의 동기이다.[26]

어거스틴은 이처럼 인간이 왜곡된 의지를 두고 계속 죄를 지을 수밖에 없는 원인을 원죄로 보았다. 그는 원죄를 첫 사람 아담의 죄로 인해 모든 인간이 죄의 굴레에서 벗어날 수 없는 상태로, 의지적으로 마귀 죄의 속성을 흉내 내는 것으로 정의했다.[27]

(2) 죄의 결과

죄의 굴레는 인간이 태어날 때부터 삶을 오염시키고 평생 동안 삶을 지배한다. 죄란 인간의 능력으로는 전혀 통제할 수 없는 상태를 말한다. 어거스틴은 인간이 태어나면서부터 선천적으로 죄의 성향을 가졌기에, 본래부터 죄 짓는 행동 쪽으로 기울어져 있고 그래

서 여러 종류의 죄를 짓는다고 설명한다.28

인간은 왜곡된 의지의 굴레a chain에 묶여 있다. 왜곡된 의지에서 욕망lust이 나오고, 이 욕망을 따라 행하다가 습관habit으로 이어지며, 저항하지 않는 습관이 반복되어 결국 필연necessity이 된다. 이런 사슬로 인해 인간은 죄의 노예 상태에 묶여 있다.29

원죄로 인해 모든 인간은 하나님께 반역하는 육체의 정욕에 휩싸인 존재가 되었다. 인간은 태어날 때부터 육체의 정욕에 지배 받는 육체의 결함을 가졌기에 결코 죄에서 벗어나지 못한다.30

원죄의 특성으로 인해 인간은 육체의 욕망을 추구한다. 인간이 처음 창조되었을 때, 인간의 영혼은 하나님과 하나님의 지혜를 추구했다. 그러나 원죄로 인해 인간은 이제 하나님이 아닌 다른 것을 추구하는 육체의 욕망에 따라 산다. 결국 인간은 육체의 욕망에 의해 탐욕적인 불순종에 이른다.31

인간은 자신의 탐욕으로 인해 죄를 지으면, 죄를 회개하여서 하나님의 뜻에 자신을 복종하기보다는 오히려 하나님의 뜻이 자신에게 맞춰지길 원한다.32 첫 사람 아담의 범죄로 인해 모든 인간은 복종하지 않는 정욕의 싸움을 육체에서 겪게 되었고, 죽음을 피할 수 없는 처지가 되었다. 온 인류는 육체의 정욕과의 싸움을 감당하고 분투해야 하는 운명에 처하게 되었다.33

이처럼 어거스틴은 아담의 타락이 인간의 도덕적 본성에 영향을 끼쳤다고 보았으며, 탐욕과 정욕과 같은 부정적 욕구를 포함해

인간의 모든 도덕적 결함은 아담의 죄에서 기인한다고 주장했다.34

(3) 죄의 극복

어거스틴은 인간이 죄를 극복하기 위해서는 완전히 신의 도움에 의존해야 한다고 주장한다. 왜냐하면 인간에게 있는 자유의지로는 불가능하기 때문이다. 어거스틴은 인간이 타고난 자유의지에 대해서는 긍정적으로 보지만, 이 자유의지는 죄로 말미암아 손상되고 무능력해졌다. 그러나 자유의지가 완전히 파괴되거나 사라진 것은 아니다. 인간의 자유의지가 왜곡되고 약해지고 무능력해졌기에, 인간 스스로의 자유의지로 죄를 이기기에는 불가능하다.35

이처럼 인간은 자신의 힘으로는 죄의 문제를 해결할 수 없다. 인간은 자신의 한계와 무지를 인정하고 오로지 신의 은혜와 도움에 의지해야 한다. 인간은 불가피하게 원죄를 지닌 존재로, 자신의 노력으로는 결코 죄에서 벗어날 수 없다. 그러나 예수 그리스도를 통한 구원의 은혜로 우리는 죄를 극복할 수 있다.36

특히 어거스틴은 인간이 구원받은 후에 성령의 역사를 통해 거룩해질 수 있음을 강조한다. 그중에서도 죄의 극복을 위해 자신의 죄를 하나님 앞에 고백하고 용서를 구함으로써, 죄의 연속성을 끊을 수 있다고 주장한다. 예를 들어, 인간이 매일 같은 죄를 저질러도, 죄의 용서를 구하는 기도를 통해 그 연속적인 죄가 중단될 수 있다. 어거스틴은 죄를 극복하고 하나님 뜻에 순종할 수 있는 은총의 수단으

로 기도의 실천을 제시한다. 성령은 성도에게 기도하도록 만든다.[37]

성도가 죄를 극복하기 위한 또 다른 길은 바로 사랑이다. 성령은 성도들에게 사랑의 은사를 주어 하나님을 그리고 이웃을 사랑하게 한다. 하나님의 사랑에 감화된 성도는 선을 행하는 즐거움과, 하나님의 명령을 따를 힘과, 육체의 정욕을 대적할 수 있는 능력을 경험할 수 있다.[38]

2. 존 칼빈 John Calvin, 1509-1564년
(1) 죄와 욕망

칼빈은 인간의 욕망에 대해 그의 여러 저서에서 다룬다. 그에 따르면, 인간의 욕망은 하나님께서 인간을 창조하실 때 주신 것이다. 인간은 태어날 때부터 어떤 대상에 마음이 끌리고 그것을 원하는 내적 동력을 가지고 있다. 욕망 그 자체는 정죄 받을 나쁜 것이 아니다. 그러나 욕망은 인간이 타락으로 인해 죄인이 된 후에 악하게 되었다. 칼빈에 따르면 인간의 타락으로 인해 영혼의 모든 부분이 부패했기에, 인간의 욕망 또한 무질서해졌고 무절제해졌다.[39]

이런 타락한 욕망은 영혼의 이성raison과 오성entendement과 의지volonte를 점령하여, 인간에게 악한 것만 원하고 행하게 만든다. 그래서 인간은 하나님 기뻐하시는 선이나 의를 행할 수 없다. 악한 욕망은 인간을 더욱 죄 가운데 빠지게 하고, 영원히 죄의 노예가 되게 한다.[40] 하나님을 대항하고, 금지를 넘어서 한계나 만족이 없는 타락한 인간의 욕망은 절대 권력에 대한 야망, 부에 대한 강박적인 욕심, 끝없는 지식 욕심, 도덕적 자기 완성의 열심, 완전한 미의 추구, 극도의 쾌락에 대한 갈망 형태로 나타난다.41

칼빈은 악한 욕망과 관련하여 기독교강요에서 '죄 죽임'mortification 교리를 다룬다. 특히 제3권 3장에서 성도가 죽여야 할 대상을 '육신'flesh과 '옛사람'the old man이라 지칭한다. 그는 다른 표현으로 '타고난 성질'inborn disposition, '공통된 본성'common nature, 그리고 '썩은 본성'corruption of original nature을 사용하기도 한다.42 이는 아담의 범죄 결과로 생긴 도덕적 부패 상태에 놓인 '인간 전체'whole man를 의미하는 것으로, 인간의 모든 것, 즉 이해력understanding, 의지will, 영혼soul, 육체flesh가 정욕으로 가득 차 있고 더럽혀져 있다. '전적으로 인간은 육욕 외에 아무것도 아니다'43

(2) 욕망의 극복

악의 불씨가 인간 안에 남아 있어 끊임없이 정욕을 분출시키고 죄를 짓도록 유혹하고 자극하기에, 칼빈에게 육신을 죽이는 일은 성도 안에 남아 있는 죄의 본성과 흔적들을 날마다 죽여 나가는 과정이다.44 심지어 거듭난 성도 안에도 여전히 '죄'sin와 '정욕'concupiscence이 있음을 주장하기 위해 칼빈은 로마서 7장을 기독교강요에서 세 번이나 인용한다. 3.3.11; 2.2.27; 4.15.12.45

칼빈은 육신을 '죽이는 일'은 '살리는 일'vivification과 동반될 때 완전하다고 주장한다. '살리는 일'이란 '사람이 하나님을 향해서 살기 시작하고 자기에 대해서는 죽는다는' 표현처럼, 거룩하고 경건한 삶의 열의가 성도 안에서 점점 커지는 것이다. 이 열의는 성도가 거듭남으로부터 솟아 나온다.46

칼빈은 '죽이는 일'mortification과 '살리는 일'vivification이 궁극적으로 하나님의 역사work이지만, 성도의 책임도 강조한다. 칼빈은 매일 죄와의 싸움을 통해 성도가 태만과 부주의를 떨쳐버리고 자신의 육욕을 누르고 굴복시켜야 한다고 역설한다.47 칼빈은 기독교강요 3권 6장~9장에서 죄 죽이기에 필요한 성도들의 실천과 의무를 제시한다. 7장에서는 '자기 부인'self-denial, 8장에서는 '십자가를 짐'Bearing the cross, 그리고 9장에서는 '내세의 삶에 대한 묵상'meditation on the future life을 구체적으로 다룬다.48

먼저 칼빈은 성도의 삶에 핵심으로 '자기 부인'self-denial을 가르친다. 성도가 직면하는 가장 큰 원수는 마귀도 세상도 아닌 자기 자신이다. 죄 죽임의 목표물은 성령에 의해 새로워지고 있는 성도의 본성이 아니라, 내주하는 죄의 영향력 아래에 있는 육신이다.49 왜냐하면 육신에 내주하고 있는 정욕concupiscence은 인간의 생각mind, 의지will, 정서emotion 등에 영향을 미치고 있기 때문에 이 모든 것들은 죽임을 당해야 할 대상이다.50

칼빈은 하나님과 이웃이라는 두 대상의 관계에서 자기 부인의 연습을 해야 한다고 가르친다. 먼저 하나님과의 관계에서 성도는 자신이 추구하는 모든 욕심을 포기하고, 하나님의 영광과 뜻만을 구하는 연습을 해야 한다. 이웃과의 관계에서도 자기의 유익을 먼저 구하는 것이 아니라 다른 사람의 유익을 구하고 이웃을 사랑하는 연습을 해야 한다. 칼빈은 이웃 사랑을 위한 가장 좋은 실천으로 구제를 제시한다.51

둘째로 칼빈은 죄 죽이기의 방법으로 '십자가를 짐'Bearing the cross을 강조한다. 성도가 져야 할 '십자가'cross는 굴욕, 고난, 역경, 박해 등이다. 성도는 육신을 죽이기 위해 반드시 이런 십자가 고통을 짊어지어야 한다. 이렇게 십자가를 질 때 성도는 외면적으로 그리스도를 닮아간다.outward Christ-likeness.52

끝으로 칼빈은 '내세의 삶에 대한 묵상'meditation on the future life을 제시한다. 성도는 내세의 삶에 대한 묵상을 통해 이 세상과 미래에 펼쳐질 영원한 세상을 비교할 수 있다. 내세의 삶과 비교하면 이 세상의 삶은 전적으로 무가치하고 마땅히 경멸의 대상이 되어야 한다. 그러나 육신flesh은 세상을 멸시하기보다 세상을 사랑하기에 문제가 된다. 영혼 전체가 육신의 유혹에 넘어가 이 세상의 행복을 추구한다. 죽임의 대상은 세상이 아니라 육신으로부터 나오는 세상 사랑이다. 그러므로 성도는 내세의 삶을 묵상함으로 첫째, 이 세상 것들의 허망함을 깨닫고 이것들을 포기하도록 이끈다. 둘째 성도는 영광스러운 내세의 삶을 묵상함으로 지금 여기에서 미래의 삶의 영광에 참여할 수 있다.53

칼빈이 말하는 '세상을 경멸함'contemptus mundi은 이 세상으로부터의 분리가 아니다. 이 세상은 그 자체로 선하다. 그러나 성도는 이 세상의 노예가 되어서는 안 된다. 성도는 이 세상으로부터 철수가 아니라 하나님의 영광을 위해 세상을 정복해야 한다. 이 정복은 성도 안에서 세상을 사랑하는 육신의 욕심이 죽을 때만 가능하다.54

3. 존 오웬John Owen, 1616-1683년

청교도 신학자이며 목회자였던 오웬은 '죄 죽임'이라는 주제에 대해 탁월하였다. 그의 저서 『신자의 죄 죽임에 대하여Of the Mortification of Sin in Believers』는 죄 죽임의 주제를 다루고 있으며, 다른 저서『성령론Pneumatologia』에서 죄 죽임의 문제를 따로 한 장chapter으로 다루고 있다. 죄 죽임이라는 주제는 당대 청교도들 사이에 있던 공통의 관심사였다. 오웬이 이 주제에 관심을 두고 저서를 남긴 유일한 청교도는 아니지만, 그는 이 주제에 대해 누구보다 탁월하게 논의했다.55

(1) 죄의 정의

오웬은 인간의 죄를 설명할 때 나무의 뿌리와 같은 인간 안에 있는 원죄original sin와 나무의 열매에 해당하는 자범죄actual sins로 설명한다. 먼저 오웬은 인간의 본성이 하나님의 거룩하심과 일치하지 않는 것을 원죄로 규정한다. 모든 인간은 태어나면서부터 이 원죄를 가지고 태어난다. 한편 자범죄는 특별히 율법과 관련하여 하나님께서 율법에 명령한 것을 위반한 죄를 말한다. 그러므로 모든 죄의 본질은 하나님의 법칙과 일치하지 않는 데서 출발한다.**56**

오웬은 믿는 자 안에 남아 있는 내주하는 죄를 '소극적이고, 어떤 의미에서는 부정적인 측면에서 하나님에 대한 적대감적의으로 간주하며, 이를 반감aversion과 결핍privation으로 설명한다.'**57** '내주하는 죄는 일반적으로 사람들의 마음이 하나님에 대해 반감을 느끼게 만들며, 특히 하나님과의 교제를 위한 의무에 대해 불편함을 느끼게 한다. 또한 이로 인해 의무를 수행하는 데 있어 피로감을 느끼게 되는데, 이것이 바로 결핍이라고 불린다.'**58**

(2) 절대적인 죄의 지배와 상대적인 죄의 지배

오웬은 모든 인간이 죄의 지배를 받는다고 주장한다. 그러나 죄의 지배를 절대적 지배와 상대적 지배로 나눈다. 먼저 죄의 절대적 지배 아래 있는 사람은 거듭나지 않은 불신자이다. 거듭나지 않은 사람은 여전히 죄가 그 사람 안에서 주인 노릇을 하고 있다. 성경은 이런 상태를 '법 아래 있다'롬 6:14고 표현한다. 거듭나지 않은 사람은 죄의 절대적인 지배 아래에 있다. 그들은 죄와 사망의 법에 속박되어 태어나며, 그래서 죄에게 종노릇하며 마음과 영혼의 상태가 죄의 법 아래 매여 있다. 생각은 하나님과 멀어져 있고, 정서는 정욕과 하나가 되었고, 의지는 하나님의 뜻에 굴복 하지도 않고 그렇게 할 수 도

없다.59

　이와는 달리 신자는 원칙적으로 죄의 지배를 받지 않는 존재이다. 죄와 사망의 법에서 해방되어 생명과 성령의 법에 사는 사람이다. 신자는 은혜의 통치 아래 있지만, 어느 정도 은혜의 상태에 있는지는 가변적이다. 가변적인 은혜의 상태는 신자의 죄를 죽이는 생활의 철저함과 비례한다.60

　이처럼 신자는 죄로부터 완전히 자유롭게 되지 않았다. 신자는 이미 죄로부터 해방된 사람이지만 죄는 여전히 그들 안에 있으며, 신자는 죄로부터 완전히 자유롭지 못하다. 불신자는 아무리 노력한다고 해도 죄의 지배로부터 결코 벗어날 수 없다. 그러나 상대적 죄의 지배 아래 있는 신자는 다르다. 죄는 신자에게 불법적으로 지배력을 행사하고 있기 때문에, 하나님의 은혜로 신자는 죄를 이길 수 있다.61 불신자에게 죄의 지배는 절대적이며 합법적인 것이다. 그러나 신자에게 죄의 지배는 상대적이며 불법적인 것이다. 그러므로 신자는 그 어떠한 죄의 지배를 받도록 내버려두면 안되며, 은혜의 지배 아래 살아야 한다.62

(3) 신자 안에 내주하는 죄

　죄의 본질은 인간의 마음에 있기 때문에 죄는 언제나 마음 안에서 역사한다. 오웬은 죄를 아무리 물리쳐도 그 세력이 또 살아나서 성도들의 내면에서 영혼을 파괴하기에 죄를 미리 예방해야 할 것을

주장한다. 오웬은 먼저 죄 죽임의 의무는 오직 신자에게 해당함을 강조한다.63

오웬은 성도는 죄의 지배로부터 자유로워졌지만, 내재하는 죄가 있음을 가르친다. 즉 죄 지배는 종결되었지만, 그 현존은 성도 안에서 계속 있다. 중생하지 못한 사람에게 하나님은 죄 죽임을 요구하시지 않는다. 이들에게 필요한 것은 죄 죽임이 아니라 회심을 통한 죄 지배의 종결이다.64

오웬은 '신자의 내재하는 죄'를 통하여 성경에서 말하는 '죄의 법'을 설명한다. 여기서 '법'은 죄의 본질과 존재라는 이중적 의미가 있다. 신자 안에 죄의 법은 실제로 존재하는 어떤 것을 의미한다. 죄의 법은 힘과 효능을 가지고 있어서 신자를 악으로 행동하도록 이끈다. 신자가 회심할 때 이 죄의 법이 신자 안에서 발견된다.65

오웬은 회심한 이후에도 성도의 마음mind과 감정affection과 영혼soul 속에 죄의 잔존 세력들이 내주하여 악을 끊임없이 추구한다고 주장한다. 성도의 온 영혼의 전 영역에 죄는 존재한다.66 오웬은 이런 죄악의 잔존 세력을 성경에서 '우리 안에 내주하는 죄', '우리와 함께 있는 악', '우리 지체 안의 법', '악한 정욕concupiscence', '정욕lust', '육신', '죄의 몸', '옛사람'이라고 불리고 있다고 지적한다.67

이처럼 죄악이 성도 안에 내주하기에 성도와 죄 사이에는 전쟁이 있을 수밖에 없다. 이 전쟁은 날마다 진행되며 결과는 죄가 승리하거나 성도가 승리하거나 둘 중 하나이다. 그렇기에 죄 죽임은 그

리스도인이 마땅히 감당해야 할 의무이다.68

(4) 죄 죽이기

오웬은 그의 논문 'On the Mortification of Sin in Believers'신자 안에 내재하는 죄를 죽임에 관하여에서 신자가 성화를 이루어 가는데 있어 적극적인 원리와 소극적인 원리를 소개한다. 신자의 성화는 적극적인 은혜의 원리인 은혜의 살림vivification of grace과 소극적인 은혜의 원리인 죄 죽임으로 이루어 진다.69

오웬은 성도 안에 있는 죄를 죽여야 한다고 강조한다. 그는 죽인다는 의미를 설명하기 위해 성경의 두 동사를 제시한다. 첫째는 골로새서 3장 5절의 'Νεκρόω'이다. 이는 부패한 본성의 모든 힘과 활기를 끝장내고 파괴한다는 의미이다.70 그러나 이것은 죄의 완전한 파괴를 의미하지 않는다. 이것은 죄의 세력과 힘이 약화되는 것을 의미한다.71

둘째는, 로마서 8장 13절에 나오는 'Θανατόω'이다. 이는 사람을 죽이다 할 때 사용되는 단어로, 힘과 능력을 주는 혈과 기를 다 빼앗아 버린다는 뜻이다.72 오웬은 바울이 이 단어를 현재 시제로 사용한 것은 현재에 계속해서 항상 일어나야 하는 일이라는 것을 의도한 것이라고 주장한다.73 그러면서 오웬은 '우리의 육체에 잔존하는 내주하는 죄를 죽이는 것은 이 세상에서의 신자들의 의무' 라고 결론내린다.74

성도는 죄 죽임을 통해 죄악의 나락에 빠지는 잘못을 벗어나고 성령을 슬프게 하지 않게 할 수 있다. 그뿐만 아니라 죄 죽임을 통해 성도는 영적으로 충만한 생활을 할 수 있다. 성령께서 주시는 힘과 위로와 능력과 평안을 누리며 살 수 있다.[75]

오웬은 성화를 죄 죽임의 과정으로 이해한다. 이는 성령의 은혜와 성도의 의무가 조화롭게 점진적으로 이루어가는 과정이다. 성도가 죄 죽임을 할 수 있게 하는 가장 근본적인 원리를 하나님의 은혜에서 찾는다. 죄 죽임은 오직 성령의 역사와 열매이다. 하나님의 은혜로 말미암아 성도는 죄를 끊고 선을 행하고자 하는 의지를 끊임없이 발휘할 수 있다. 성도는 계속해서 공급해 주시는 하나님의 은혜에 성실히 반응하고 성령의 훈계를 경홀히 여기지 말아야 할 의무가 있다. 성도는 죄 죽임을 위해 오웬이 말한 '성령에 의해 창조된 습관들' 즉, 성령께서 주신 구체적인 수단들을 적극 활용해야 한다.[76] 오웬은 성령의 수단으로 하나님 말씀에의 참여, 교회 의식ordinance, 규칙prescriptions, 공적 예배, 성도의 교제, 금식, 설교, 열정적인 매일의 기도와 죄 고백daily prayers and confession, 종말에 대한 묵상meditation, 말씀 연구reading, 자신의 영혼에 대한 신중한 관심 등을 제시한다.[77]

4. 헤리뜨 꼬르넬리스 베르까우어 Gerrit Cornelis Berkouwer, 1903-1996년

(1) 죄의 특징

베르까우어는 네델란드 개혁 교회의 신학자로 암스테르담 자유 대학에서 신학 교수로 활동했다. 그는 헤르만 바빙크Herman Bavinck, 1854-1921와 헨드릭스 벌코프Hendrikus Berkhof, 1914-1995와 함께 유명한 네델란드 개혁파 조직 신학자이다.[78] 베르까우어는 탁월한 신학 지식뿐만 아니라, 하나님께 찬양과 존귀와 영광을 돌리는 송영으로서의 신학적 이해가 두드러진 신학자다.[79]

베르까우어는 죄와 관련하여 성도는 예수 그리스도 안에서 거룩하게 된 존재이지만, 성도 안에는 무시무시한 죄와 정욕이 내재해 있음을 지적한다. 그는 성도 안에 있는 죄를 추상적이거나 이론적인 어떤 것이 아니라 성도의 삶에 실제로 엄청난 파괴력과 파급력을 미치는 능력이라 묘사한다. 그렇기에 성도의 삶에는 많은 시험과 유혹들이 있는데, 성도들은 이것을 결코 간과하거나 과소평가해서는 안 된다고 강조한다.[80]

(2) 성화

베르까우어는 로마서 7장을 통해 성도 안에서 일어나는 영적 전쟁을 설명한다. 그는 로마서 7장에 언급된 사람을 죄와 투쟁하는 그리스도인으로 본 어거스틴과 칼빈의 의견에 동의하며, 불신자에게 이런 영적 투쟁은 아주 낯선 것이라 주장한다. 그는 로마서 7장 14~25절 내용에 나오는 죄의 경향성이 성도에게도 영향을 미치지만, 성령을 받은 성도만이 이와 투쟁할 수 있다고 본다.[81]

베르까우어는 성도가 죄와 투쟁하는 과정을 성화로 본다. 그는 성도의 성화를 다루면서 몇 가지 중요한 내용을 강조한다. 먼저 그는 성도의 성화를 말할 때, 인간의 노력이나 행위보다 가장 먼저 자기 백성을 거룩하게 하시려는 하나님의 사역으로서 성화를 강조한다. 그는 성도의 거룩함이 인간의 노력이나 행위, 그리고 업적을 통해 얻은 도덕적 성취가 아님을 주장한다. 그는 레위기 20장 7~8절 "너희는 스스로 깨끗하게 하여 거룩할지어다 나는 너희의 하나님 여호와이니라 너희는 내 규례를 지켜 행하라 나는 너희를 거룩하게 하는 여호와이니라"을 통해 하나님께서 인간의 거룩함이나 경건함을 근거로 삼아 자기 백성으로 부르신 것이 아니라고 설명한다. 성도로의 부르심은 하나님의 백성을 구별하고 거룩하게 하시려는 하나님의 주권적 행위이다. 그러므로 하나님의 사역으로서 성도의 성화를 바라봄이 중요하다.[82]

베르까우어는 성도의 성화를 다루면서 성령의 역사하심 또한 강조한다. 그는 가톨릭에서 이뤄졌던 참회와 고행을 통해 구원의 확신을 가지고 성화를 이루려 했던 것을 공격한다. 인간의 노력으로 성화를 성취할 수 있다는 생각에 대해 비판한다.[83]

그는 칭의를 위해 믿음이 중요한 것처럼, 성화를 위해서도 믿음이 중요하다고 주장한다. 성도가 믿음을 가질 수 있는 것은 성령의 사역이다. 성령만이 믿음을 통해 성도가 인간적인 가치에 마음을 두지 않고 하나님께로 방향을 돌이키도록 할 수 있다. 성령만이 성도

의 삶에서 믿음을 통해 감사와 사랑을 나오게 하고 성화의 길을 갈 수 있도록 기적을 행할 수 있다.[84]

그러므로 믿음과 성령을 분리하여 성도의 성화를 생각할 수 없다. 베르까우어는 성령의 역사를 통해 얻어지는 성도의 믿음은 성도의 삶에서 모든 것을 순환하게 하는 '회전축'pivot이라 언급한다.[85] 그는 이런 성령께서 주시는 믿음 없이 거룩하게 살려는 모습의 전형으로 바리새인의 위선과 가식을 지적한다.[86]

베르까우어는 '그리스도를 본받음'이 성도의 성화에서 또한 중요하다고 강조한다. 그리스도를 본받는다는 의미는 주님과 함께 가고 주님을 따라 특별한 길을 걷는 것을 의미한다. 주님의 명령에 따라 행진하고 주님의 다스림에 순종하며, 항상 주님께로 방향을 재설정긍정적인 재 방향성, positive re-direction하는 것이다.[87] 베르까우어는 '그리스도를 본받음'이 어떤 도덕적인 이상의 삶을 추구하는 것이 아니라, 그리스도와의 친밀한 교제 안에서 그리스도만을 늘 주목하는 삶이라 설명한다. 그러므로 성화의 진보는 그리스도와 그분의 은혜에 더욱 집중할 때 가능하다.[88]

(3) 성화의 방법

베르까우어는 성도의 점진적인 성화를 위한 구체적인 방법으로 회개와 기도, 말씀의 훈계를 제시한다. 먼저 그는 회개를 추상적이고 신비적인 것이 아니라 성도의 삶에 실제적인 것으로 본다. 지속적인 회개는 일평생 성도의 삶에서 성도를 죄로부터 하나님께로 돌이키는 중요한 수단이다.89 그는 성화의 측면에서 성령의 역사를 통해 일어나는 회개를 점진적progressive, 진보적, 과정적으로 보았다.90

베르까우어는 성화의 방법으로 기도 또한 강조하였다. 그는 신자가 끊임없는 영적인 투쟁에서 기도를 통해서만 이길 힘과 도움을 받을 수 있다는 칼빈의 주장에 동의한다.91 그러면서 동시에 그는 성도가 그리스도의 중보기도와 성령의 간구하심을 붙들어야 한다고 강조한다. 성도의 약함들weaknesses과 위험들dangers과 죄 된 경향성들sinful tendencies을 위한 그리스도의 제사장적 중보기도를 바라볼 때, 성도는 자기 확신이 사라지고 오직 하나님의 자비만 의존할 수 있다.92 성도는 또한 성도를 위한 성령의 간구하심요 4:16; 롬 8:26을 바라보아야 한다. 성도를 위한 성령의 간구하심은 성도로 하여금 확신을 가지고 올바른 기도를 드릴 수 있도록 도우시고, 성도의 연약함을 초월하는 역사이다.93

마지막으로 베르까우어는 성화의 구체적 방법으로 말씀의 훈계를 강조하였다. 그는 성도 안에 있는 죄의 경향성 때문에 성도의 삶을 '위험한 길dangerous ground 위를 걷고 있는 삶'이라고 설명한다. 하지만 이런 위험한 길의 여정일지라도, 성도의 삶은 그리스도의 재림 날까지 하나님의 훈계로 둘러싸여 있다. 말씀의 모든 훈계는 하나님의 은혜로부터 나오는 다양한 촉구이며, 성도는 하나님의 훈계에 순종함으로 영적 전쟁에서 죄의 경향성을 이겨내고, 하나님을 경

외함으로 성화를 이루어 간다.94

5. 요약

이상으로 앞서 기술한 신학자들의 주장을 종합해 보면, 그리스도인 안에는 여전히 죄성이 있다. 이 죄성으로 인해 우리는 계속해서 부정적 욕구를 소유하고 있다. 죄성과 부정적 욕구는 마치 나무의 뿌리죄성와 열매부정적 욕구와 같다.95 신학자들은 그리스도의 성화는 단번에 완성되는 것이 아니라 평생 진행되는 과정이라 주장한다. 달리 말하면, 성화는 그리스도인의 부정적인 욕구가 점점 통제되어 줄어드는 과정이다.

4장 / 현대 기독교 상담 기법

1. 욕구 이론

많은 심리학자들이 인간의 욕구에 대해 연구하였다. 이곳에서는 아브라함 해럴드 매슬로Abraham Harold Maslow, 데이비드 맥클리랜드David McClelland, 윌리엄 글래서William Glasser의 이론을 통해 인간의 욕구를 살펴보겠다.

(1) 매슬로의 욕구 계층 이론(Maslow's Hierarchy of Needs)

매슬로의 욕구 계층 이론은 인간의 욕구를 계층적으로 나누어 설명하는 이론이다. 욕구 계층 이론은 인간의 욕구가 특정한 순서에 따라 충족된다고 보았다. 매슬로는 가장 기본적인 생리적 욕구Physiological Needs로부터 시작하여 점차 더 높은 수준의 안전 욕구Safety Needs, 사회적 욕구Social Needs or Belongingness and Love Needs, 존경 욕구Esteem Needs, 자아실현 욕구Self-Actualization Needs로 나아간다고 주장한다.[96]

먼저 생리적 욕구Physiological Needs는 인간의 가장 기본적인 욕구로 인간이 살아가는데 생존을 위한 필수적인 것들을 포함한다. 이 단계의 욕구가 충족되지 않으면, 다음 단계의 높은 욕구에 관심이나 추구는 불가능해진다. 즉 생리적 욕구가 충족되지 않으면 인간은 생존을 위한 기본적인 필요에 집중하게 되어, 사회적 관계나 자아 실현과 같은 더 높은 수준의 욕구를 고려할 여유가 없어진다. 생리적 욕구에는 예를 들면, 음식, 물, 공기, 수면, 성적 욕구, 집과 같은 거주지가 있다.97

생리적 욕구가 충족되면 개인의 생존을 위한 기본적인 안전과 안정성을 확보하려는 안전 욕구Safety Needs가 중요해진다. 안전 욕구는 신체적, 경제적, 사회적 안전을 포함하여, 개인이 안정된 삶을 영위할 수 있도록 도와주는 필수적인 요소들로 구성되어 있다. 안전 욕구가 충족되지 않으면, 사람은 지속적인 불안과 두려움에 시달리게 되며, 이는 정신적 및 신체적 건강에 부정적인 영향을 미칠 수 있다.98

예를 들면 신체적 안전은 개인이 폭력, 범죄, 사고와 같은 외부 위협으로부터 보호받기를 원하는 욕구이다. 경제적 안전은 일자리, 소득, 보험 등과 관련된 재정적 안정성을 추구하는 욕구이다. 건강과 웰빙은 안전 욕구의 또 다른 중요한 측면으로, 사람은 자신의 건강을 유지하고 질병으로부터 보호받기를 원한다. 마지막으로 법적 보호와 사회적 질서도 안전 욕구의 중요한 요소이다. 공정한 법 진행과 사회적 규범이 확립된 사회에서 개인은 자신이 속한 공동체에서 안전하다고 느낀다.

일단 안전 욕구가 충족되면 사회적 관계와 소속감을 중시하는 사회적 욕구Social Needs or Belongingness and Love Needs를 추구하게 된다. 이 단계에서 인간은 본질적으로 사회적 동물이며, 사회적 소속감을 통해 자신의 정체성을 확립하고 정서적 안정을 얻으려고 노력한다. 사람들은 이 단계에서 인간 관계, 친구, 가족, 사랑 등을 통해 친밀감을 경험하길 원한다.[99]

첫째, 가족은 사회적 욕구의 핵심 요소 중 하나이다. 가족과의 관계는 개인이 느끼는 소속감의 기초를 형성하며, 이를 통해 인간은 정체성과 안정감을 느낀다. 둘째, 친구와의 관계 또한 사회적 욕구를 충족하는 데 필수적이다. 친구들과의 소통과 교류는 개인의 정서적 안정을 높여주고, 자아 존중감을 향상시킨다. 셋째, 애정과 친밀감은 사회적 욕구의 또 다른 중요한 측면이다. 친밀한 관계는 개인의 정신적 건강에 긍정적인 영향을 미치고, 사회적 상호작용의 질을 향상 시킨다. 넷째 사회적 네트워크와 커뮤니티도 중요한 역할을 한다. 마지막으로 소속감은 개인이 자신의 정체성을 찾고, 사회의 일원으로서의 역할을 이해하는데 중요한 요소이다.

사회적 욕구가 충족된 후 나타나는 다음 단계는 존경 욕구Esteem Needs이다. 이 욕구는 자기 존경Self-Esteem과 타인으로부터의 존경Esteem from Others 받기를 원하는 욕구이다. 첫째, 자기 존경Self-Esteem은 자기 자신에 대한 긍정적인 평가와 감정을 의미한다. 이는 자신의 능력, 성취, 가치관에 대한 인식에서 비롯되는데, 자기 존경은 개인이 목표를 달성했을 때 느끼는 성취감과 깊은 관련이 있다. 둘째, 타인으로부터의 존경Esteem from Others은 다른 사람들로부터 인정받고 존중 받기를 원하는 욕구를 의미한다. 이는 사회적 지위, 성공적인 관계, 그리고 타인으로부터의 인정을 포함한다. 타인으로부터의 존경은 개인의 자존감을 높이고, 자신이 사회의 일원으로서 기여하고 있다는 느낌을 강화한다.100

마지막으로 자아실현 욕구Self-Actualization Needs이다. 이는 하위 단계의 모든 욕구를 충족한 사람들이 최종적으로 추구하는 욕구이다. 이 욕구의 특징은 자기 발전을 위해 자신의 능력과 잠재력을 최대한 활용하려고 한다. 개인은 자신의 강점과 약점을 깊이 이해하고, 이를 바탕으로 지속적으로 성장하고자 한다. 자아실현 욕구를 충족하기 위해서는 자신의 가능성을 탐구하고, 그에 따른 목표를 설정하는 것이 필요하다. 그리고 자아 실현 욕구는 창의성과 깊은 관련이 있는데, 개인은 새로운 아이디어나 해결책을 탐색하고 실천하는 데 집중한다. 마지막으로 자아 실현 욕구는 개인의 목표와 비전 달성과도 긴밀하게 연결되어 있다. 자신의 삶에서 이루고 싶은 목표를 설정하고, 이를 달성하기 위해 필요한 계획과 행동을 수립한다.101

물론 매슬로의 이론에 대한 여러 비판, 특별히 욕구가 순차적으로만 충족되지 않는 점 등이 지적되고 있지만, 매슬로의 욕구 계층 이론은 인간이 추구하는 욕구의 내용들이 무엇인지 알 수 있는 유용한 점이 있다.102

(2) 맥클리랜드의 성취 동기 이론(McClelland's Achievement Motivation Theory)

맥클리랜드의 성취 동기 이론은 인간의 동기와 행동의 관계성을 깊이 이해하는데 중요한 역할을 하는 심리학의 이론 중 하나이다. 맥클리랜드는 인간의 행동이 단순한 자극과 반응으로만 설명할 수 없고, 오히려 각 행동의 이면에서 특정한 동기가 존재한다고 강조한다. 즉 인간의 행동은 동기와 떼어 놓을 수 없다. 사람들은 동기가 원인이 되어 특정 행동을 하며 자신들의 시간을 사용한다.103

맥클리랜드는 이런 인간의 동기를 세 가지 기본 욕구로 분류한다. 성취Achievement, 권력Power, 친밀감Affiliation 이 세 가지 욕구는 각기 다른 방식으로 개인의 행동에 영향을 미치며, 사람마다 이들 욕구의 상대적인 중요도가 다르다. 이 세 가지 욕구 중 특정 하나가 개인에게 지배적인 경향이 되며, 이것에 의해 동기가 부여된다.104

성취 욕구는 도전적인 목표를 설정하고 이를 달성하려는 강한 욕구이다. 이 강한 열망을 가진 사람은 단순히 정해진 일을 완수하는 것이 아니라, 자신이 설정한 목표를 향해 끊임없이 노력하고, 결과를 얻기 위해 노력한다. 이들은 우연이나 행운에 의한 성공을 선호하지 않는다. 그들은 우연한 성취로부터 성취감이나 만족감을 느끼지 않는다. 대신 스스로 문제를 해결하고 자신이 설정한 목표를 달성하기 위해 끊임없이 도전하는 과정을 선호한다. 목표를 설정할 때 쉽게 달성할 수 있는 목표보다는 도전적이고 의미 있는 목표를 선택한다. 성공이나 실패를 우연이나 다른 사람의 행동에 귀속시키기보다는 자신이 직접 관리할 수 있는 것으로 본다.

권력에 대한 욕구는 다른 사람에게 영향을 미치고 통제하려는 강한 욕구를 의미한다. 이러한 욕구를 가진 사람들은 다른 사람에 대한 영향력을 높이고 사회 환경에서 주도적인 역할을 하려고 노력한다. 이렇게 하는 이유는 타인에게 자신의 존재감을 드러내고자 하기 위함이다. 이런 사람은 경쟁적이고 상하 관계의 환경에서 자신의 영향력과 명성을 얻으려 애쓴다. 그렇기에 이들은 성과보다 자신의 영향력이나 명성을 얻는데 더 많은 관심을 두며, 타인과의 경쟁에서 우위를 점하기 위해 다양한 전략을 모색한다. 그들은 자신이 원하는 위치에 도달하기 위해 동료들과의 관계를 조정하거나, 때로는 갈등을 조정하는 역할을 맡기도 한다.

친밀감 욕구는 타인으로부터 사랑받고 인정받고 싶어하는 욕구이다. 이 욕구가 강한 사람들은 대인 관계에서 정서적 유대감을 중요하게 여기며, 서로를 이해하고 지지하는 관계를 구축하려고 노력한다. 친밀감 욕구가 강한 사람들은 우정을 쌓는 데 많은 노력을 기울이며, 경쟁보다는 협력적인 상황을 더 선호한다. 이들은 깊은

상호 이해에 기반한 관계를 중시하며, 타인과의 정서적 유대와 협력을 중요하게 생각한다.[105]

맥클리랜드의 성취 동기 이론은 자존이나 자아 실현과 관계되는 행동 패턴이라는 점에서 매슬로의 욕구위계이론과 유사하다. 두 이론 모두 개인이 더 높은 수준의 욕구를 추구하게 되는 과정을 설명하지만, 이들이 강조하는 근본적인 차이점은 각각의 욕구가 어떻게 형성되고 발달하는가에 있다. 매슬로의 욕구 위계 이론은 선천적 성격을 가지고 있으며 모든 인간에게 공통적으로 내재되어 있는 반면, 맥클리랜드의 성취 동기 이론은 보다 사회적이고 환경적인 요인에 중점을 둔다. 그는 인간의 동기 행동을 사회 조직 생활 속에서 경험과 학습을 통해 습득된 행동 경향으로 이해한다.[106]

(3) 글래서의 선택 이론(Glasser's choice theory)

글래서는 행동의 선택 이론에 바탕을 둔 현실 치료Reality Therapy 심리치료법의 창시자이다. 그는 인간의 모든 행동은 자신의 기본적 욕구를 충족시키기 위한 선택이라는 선택 이론을 주장한다. 그가 제시하는 인간의 기본 욕구는 다섯 가지로, 생존survival, 사랑과 소속감love & belonging, 권력power, 자유freedom, 재미fun이다. 인간은 이러한 욕구를 충족시킬 수 있는 내면적인 가상 세계인 '좋은 세계quality world'를 발달시킨다. 인간은 현실적 경험을 좋은 세계와 비교하며, 좋은 세계를 성취하기 위해 다양한 노력을 기울인다. 이러한 노력은 다양한 행동, 즉 전체 행동total behavior으로 나타난다. 전체 행동은 행위, 사고, 감정, 생리적 반응이라는 네 가지 요소로 구성된다. 인간은 기본적 욕구를 충족시키는 좋은 세계를 얻기 위해 전체 행동을 선택하는 통제 시스템이다.107

글래서는 인간이 추구하는 다섯 가지의 기본 욕구는 선천적인 것으로 태어나면서 가진다고 주장한다. 첫째, 생존 욕구는 가장 기본적인 욕구로, 신체적인 생명 유지에 필요한 요소들을 의미한다. 음식, 물, 공기, 쉼, 안전 등이 있으며, 인간은 이러한 생리적 필요를 충족하기 위해 본능적으로 행동한다. 둘째, 사랑과 소속감은 타인과 연결되고 싶어하며, 사랑을 주고 받으며 집단에 소속되고자 하는 욕구이다. 이러한 욕구는 가족, 친구, 연인, 동료, 애완동물, 수집한 물건 등과의 관계에서 충족될 수 있다. 셋째, 권력 욕구는 자신이 원하는 것을 성취하고, 인정받고, 타인에게 영향력을 발휘하고자 하는 욕구이다. 이는 자신에 대한 유능감과 가치감을 느끼며 힘과 권력을 추구하는 욕구이다. 타인에게 영향력을 행사하려는 권력 욕구는 사랑의 욕구와 충돌을 일으켜 인간관계의 갈등을 만든다. 넷째, 자유 욕구는 자율적인 존재로 자유롭게 행동하고자 하는 욕구이다. 제한 없는 상태에서 독립적으로 행동하고 싶어하는 것이 이 욕구의 본질이다. 다섯째, 재미의 욕구는 삶에서 즐거움과 재미를 추구하며 새로운 것을 배우려는 욕구이다. 이는 웃음, 농담, 운동, 독서, 수집 행동 등을 통해서 충족될 수 있다. 인간은 모두 이런 기본적인 욕구를

가지고 있다. 그러나 욕구의 강도는 개인마다 다르다.[108]

글래서는 다섯 가지 욕구 중에서 사랑과 소속감의 욕구가 가장 중요하다고 주장했다. 인간은 사랑을 받고 베풀어야 하는 사회적 생명체이기 때문에 사랑과 소속감의 욕구가 인간 존재에 필수적이며 기본적인 욕구이다. 다른 네 가지 욕구를 충족시키기 위해서는 타인이 존재해야 하기 때문에 사랑과 소속감의 욕구가 가장 중요한 욕구이다. 예를 들어, 생존 욕구를 충족하기 위해서는 가족이나 공동체의 지원이 필요하며, 권력을 추구하는 데 있어서도 동료와의 관계가 중요하다. 개인이 자유를 느끼고 자율성을 발휘하기 위해서는 또한 그 자유를 지지해줄 수 있는 사회적 기반이 필요하다. 재미를 찾는 것도 혼자서는 어려운 경우가 많으며, 이를 위해 타인과의 관계가 필수적이다. 그렇기에 사랑과 소속의 욕구가 충족되지 않으면, 나머지 욕구를 충족하는 것도 어려워질 수 있다.[109]

이상으로 매슬로, 맥클리랜드, 글래서의 인간 욕구에 대해 살펴보았다. 이런 심리학자들의 욕구 이론에 공통적으로 포함된 4가지 욕구가 있다. 그것은 바로 생존/안전, 사랑/소속감, 권력/탁월함, 자유/독립 욕구이다. 이제 구약 성경과 신약 성경에 등장하는 인물들을 통해 이 4가지 욕구에 대해 좀 더 자세히 살펴보겠다.

2. 구약의 인물로부터 발견되는 네 가지 욕구

(1) 생존/안전: 야곱

구약 인물 중 야곱은 생존/안전 욕구가 강한 사람 중 한 명이었다. 그의 이러한 성향은 출생 때부터 형의 발꿈치를 잡고 태어나면서 시작된다. 이는 그가 태어나면서부터 생존/안전 욕구가 강함을 상징적으로 보여준다. 특히 창세기 25장 27-34절을 보면, 그의 이러한 욕구가 잘 드러난다. 야곱은 사냥에서 돌아온 형 에서가 지친 모습으로 나타났을 때, 그의 배고픔을 이용해 장자의 명분을 사려고 한다. 그는 형 에서에게 떡과 팥죽을 주면서, 자신의 욕망을 충족시키기 위한 거래를 제안한다. 야곱은 에서의 배고픔을 이용하여 장자권을 산다. 장자권은 안전, 번영, 풍요, 땅 등과 관련된 물질적인 복을 의미한다.110

특히 장자권을 가진 장남은 아버지의 상속물로부터 두 몫을 받을 수 있다.신 21:17 장남은 항상 다른 아들의 몫의 두 배를 받을 권리가 있다. 만일 아들이 둘만 있으면, 장남이 모든 상속을 받는다.111 따라서, 야곱이 형 에서의 배고픔을 이용해 장자권을 사는 행위는 그의 생존/안전 욕구가 강하게 드러나는 순간이다. 그러나 야곱의 욕망은 여기서 그치지 않는다. 창세기 27장에서는 그의 욕망이 더욱 극대화된다. 야곱은 눈이 어두운 아버지 이삭을 속여 장자의 축복도 가로챈다. 이 사건은 그의 생존/안전 욕구가 절정에 달하는 순간이며, 야곱은 자신이 원하는 것을 얻기 위해 모든 수단을 동원한다.

창세기 30장 25-43절에는 야곱이 자신의 품삯과 관련해서 라반과 협상하는 중요한 장면이 나온다. 야곱은 그동안 레아와 라헬을 아내로 얻은 대가로 라반을 위해 일해 왔다. 그러나 이제 야곱은 보다 나은 안전과 자신과 가족의 미래를 위해 자신의 몫을 챙기기 원하고, 자신의 자유를 얻고, 아내와 자녀를 지키길 원했다. 그래서 야곱은 라반과의 협상에서 자신의 품삯을 조정하고자 한다.

야곱은 라반과 품삯을 협상하는데, 백색의 양이나 흑색의 염소는 라반의 것이 되고 다색multicolored의 짐승은 야곱의 것이 되는 것이다. 이것은 라반을 속이기 위한 야곱의 전략적이며 교묘한 방법이었다. 결론적으로 야곱은 라반을 속여 단색의 짐승 무리에서 색깔 있는 양과 염소를 생산하는데 성공하여 자신의 소유를 불려 나갔다.[112] 야곱은 교배 방법을 통해 재산을 늘리는 인간적인 노력을 지속적으로 행한다. 결국 야곱은 자신의 재산을 늘리고, 아내와 자녀를 지킬 수 있는 기반을 마련한다. 그는 라반과의 관계 속에서 자신이 원하는 것을 쟁취하기 위해 끊임없이 노력하며 생존과 안전의 욕구를 성취한다.

마지막으로 야곱이 생존/안전을 추구하는 모습은 형 에서와 재회하는 장면에서 극명하게 드러난다. 야곱은 온 가족과 재산을 이끌고 고향으로 돌아가길 결심했지만, 형 에서의 보복이 두려워 한편으로는 두려움에 떨고 있었다. 야곱은 형 에서가 자신을 어떻게 대할지 몰랐기에, 먼저 사신들을 보내어 에서의 반응을 살펴보기로 결정한다. 그러나 사신들이 가지고 온 소식은 야곱의 두려움과 불안을 더욱 가중시킨다. 형 에서가 400명이나 되는 무리를 이끌고 야곱에게 온다는 내용이다.

이것은 야곱에게 엄청난 위협으로 다가왔기에 야곱은 생존을 위해 2가지 방책을 시행한다. 첫 번째 방책은 가족과 재산을 두 떼로 나누는 것이다. 야곱은 형 에서가 자신의 무리 중 한 떼를 공격하면, 다른 떼는 그 틈을 사용해 생존할 수 있다는 계산을 했다. 이 전략은 야곱이 얼마나 철저하게 생존을 고민하고 있는지를 보여 준다. 두 번째 생존 전략은 형에게 선물을 보내는 것이다. 야곱은 형의 감정을 풀기 위해 상당한 양, 즉 550마리 가축을 선물로 보낸다. 이 두 가지 생존 전략에서 야곱은 모두 누군가의 뒤에 있는 모습을 보인다. 가족과 재산을 두 떼로 나눌 때도 그는 맨 뒤에 머물러 자신을 지키고, 위험을 최소화 한다. 또한 선물을 보낼 때도 마지막에 자신이 형 에서를 만나기로 한다.113 이러한 모든 과정에서 야곱의 철저한 생존/안전 본능이 드러난다.

(2) 사랑/소속감: 레아

레아는 남편 야곱에게 사랑을 받지 못하는 아내로 고통을 깊이 겪고 있다. 창세기 29장 31절에서 하나님은 레아의 처지와 그녀의 고통을 아시는 모습을 보여주신다. 레아는 동생 라헬과 경쟁하며 남편으로부터 사랑받기를 갈망하며, 자신의 존재 가치를 입증하고 싶어한다. 그녀의 이러한 열망은 아들들을 출산함으로써 더욱 강하게 드러난다. 레아는 자녀를 출산하면서 이름을 지었는데, 자녀들의 이름에서 그녀가 얼마나 남편의 애정을 원했는지 알 수 있다.

그녀는 첫째 아들 이름을 르우벤으로 짓는다. 뜻은 '여호와께서 나의 괴로움을 돌보셨다'이다. 이 이름에는 그녀의 아픔과 소망이 담겨 있다. 그녀는 이 이름을 지으며 이제는 남편이 자신에게 더 많은 사랑을 쏟아줄 것이라는 기대를 품게 된다.창 29:32 둘째 아들 이름은 시므온이다. 뜻은 '여호와께서 내 목소리를 들으셨다'라는 의미이다. 레아는 자신이 남편에게 사랑받지 못함을 하나님께 호소했으며, 하나님께서 그녀의 기도들 들으셨기에 아들을 주셨다고 고백한다.창 29:33 레아는 셋째 아들의 이름을 '연합'이라는 의미인 레위라 지으며, 남편이 지금부터 자신과 연합할 것을 기대한다. 이는 그녀가 남편과의 관계에서 사랑과 유대감을 느끼고 싶어 하는 마음을 표현한 것이다.114

그러나 레아의 이런 바램은 안타깝게도 현실에서 좀처럼 이루어지지 않는다. 그녀가 자녀들을 통해 남편 야곱의 사랑을 얻기를 기대했지만, 그 기대는 지속적으로 실망의 모습으로 돌아왔다. 이러한 레아의 고통과 갈망을 암스트롱은 다음과 같이 표현한다. "하지만 우리는 레아가 자녀에게 붙인 이름에서 그녀의 고통의 깊이를 본다. 르우벤이 태어났을 때 그녀의 승리는 비통함과 쓸쓸해 보이는 희망과 더불어 뒤섞여 있었다...임신할 때마다 그녀는 여전한 열망

을 키웠으나 언제나 헛될 뿐이었다".115

레아는 계속해서 남편의 사랑을 얻기 위해 지속적으로 다양한 방법을 모색하며 자신의 갈망을 표현한다. 처음에는 자녀를 통해 사랑을 얻으려 했지만, 그 기대가 헛되었음을 깨닫고 시녀 실바를 야곱의 아내로 준다.창 30:9 이는 레아가 남편의 사랑을 얻기 위해 어떤 희생도 감수할 준비가 되어 있음을 보여준다. 실바가 두 명의 아들을 낳는데, 레아는 아들의 이름을 갓복됨 그리고 아셀기쁨이라고 짓는다.

그러나 레아의 욕망은 여기서 멈추지 않는다. 그녀는 자신의 아들 르우벤이 들에서 가져온 합환채와 남편과의 동침 권리를 라헬과 교환한다.창 30:14-16 특별히 16절을 보면, 레아는 들에서 돌아온 야곱을 맞으며, '내게로 들어오라', '당신을 샀노라'고 한다. 이 표현은 남편의 애정을 갈망하는 레아의 욕망이 얼마나 강렬한지 잘 보여준다. 레아는 자녀의 이름을 지으며, 시녀를 아내로 주며, 합환채를 팔며 끊임없이 남편의 사랑을 갈구한다.116 우리는 레아가 자신의 전 삶을 통해 남편의 사랑을 얻으려고 애쓰고 있음을 알 수 있다.

(3) 권력/탁월함: 사울왕

구약 인물 중 권력의 욕구가 강했던 사람은 사울 왕이다. 우리는 사울 왕이 계속해서 다윗을 미워하고 그를 죽이려는 모습을 성경에서 볼 수 있다. 그러나 처음부터 사울 왕이 다윗을 시기하거나 미워하지 않았다. 사무엘상 16장 14-23절을 보면, 사울 왕은 다윗을 사랑했다. 사울 왕은 악령에 시달리고 있었다. 사울의 신하들은 이를 해결하기 위해 수금을 잘 타는 다윗을 사울에게 소개한다. 악령이 왕에게 이를 때 수금을 연주하면 악령이 떠나기 때문이었다. 다윗은 단순히 악령을 쫓아내는 역할을 수행했지만, 그 과정에서 사울 왕과의 특별한 유대감이 형성된다. 사무엘상 16장 21절은 다음과 같이 서술한다. "다윗이 사울에게 이르러 그 앞에 모셔 서매 사울이 그를 크게 사랑하여 자기의 무기를 드는 자로 삼고". 사울 왕이 소년 다윗을 크게 사랑하였다고 한다.

게다가 다윗을 사울 왕의 무기를 드는 자로 삼는다. 무기를 드는 자는 왕이 특별히 신임하는 자가 될 수 있다. 요나단과 병기든 자의 사이는 밀접한 관계였고, 사울 왕이 자살할 때 옆에 있던 병기든 자의 충성심에서 이를 알 수 있다. 다윗에 대한 사울의 애정이 얼마나 컸는지 알 수 있는 또 다른 대목이 있다. 사울 왕은 다윗의 아버지 이새에게 다윗이 왕궁에서 영구적인 직무를 수행하도록 요청한다. 이 당시 왕궁에서의 직무는 매우 중요한 자리였으며, 이는 왕의 측근에서 중요한 역할을 담당하게 되었음을 의미한다. 이는 사울이 다윗을 단순히 수금을 타는 연주자가 아닌, 자신의 가까운 동료이자 신뢰할 수 있는 인물로 인식했음을 보여준다.[117]

다윗을 향한 사울의 사랑이 경쟁심으로 더 나아가 적개심으로 변한다. 이 변화의 결정적인 계기는 사울과 다윗이 블레셋과의 전쟁에서 승리하고 돌아올 때 일어난 사건에서 시작된다. 당시 여인들은 다윗과 사울의 승리를 축하하며 춤을 추고 소고와 경쇠를 들고 노래삼상 18:6-9를 부르는데, 그 내용은 "사울이 죽인 자는 천천이요 다윗은 만만이로다"라는 것이었다.

이 노래는 사울을 다윗보다 열등한 인물로 만들려는 의도가 전혀 없었다. 노래에 담긴 숫자는 의미가 없다. 단지 이 노래는 사울과 다윗이 얼마나 멋진 팀을 이루었는지를 기념하는 찬사로, 사울이 전쟁에서 보여준 용기와 리더십, 그리고 다윗의 전투 능력을 함께 축하하려는 의도가 담겨 있었다. 이 찬사는 다윗과 사울이 함께 공유할 수 있는 기쁨의 노래였다.118 그러나 권력/탁월함의 욕구가 강한 사울에게 이 노래는 질투와 경쟁심과 적개심을 일으켰다. 처음에는 사랑과 신뢰로 시작한 관계가, 사울의 부정적 욕구로 인해 이제는 상대방을 적으로 간주하는 극단적인 변화를 겪게 되었다.

하지만 다윗은 분명히 이스라엘 백성들에게 사랑을 받고 있었다. 다윗은 전쟁터에서 성공을 거둔 영웅으로 칭송 받았고, 그의 인기는 높아졌다. 이러한 인기는 사울 왕에게 심각한 위협이 되었고, 그의 마음속에는 다윗에 대한 적대감이 점점 커져 갔다. 특히, 사울의 가족, 즉 그의 아들 요나단과 딸 미갈이 다윗을 사랑하는 모습을 보면서 사울은 더욱 불안감을 느꼈다.

사울의 아들 요나단은 다윗을 자기의 생명 같이 사랑했다고 성경은 기록하고 있다.삼상 18:1 이들은 전우이자 친구로서 깊은 유대감을 형성했으며, 이로 인해 사울의 마음은 더욱 복잡해졌다. 사울의 딸 미갈도 다윗을 사랑하였다.삼상 18:20 이처럼 다윗은 사울의 가족과 대중들로부터 사랑을 받는다. 다윗의 성공, 인기, 애정에 대응하는 사울의 반응은 점점 커져가는 적대감이었다. 사울은 이제 다윗을 자신의 명성을 위협하는 위협자이며 경쟁자로 인식하기 시작한다.[119]

이처럼 사울과 다윗의 관계는 애정과 신뢰에서 위협과 적대감으로 변해갔다. 가족과 백성들로부터 사랑받는 다윗을 바라보는 사울의 권력 욕구는 자극을 받았다. 사울은 이후 평생 다윗을 죽이려고 여러 번 시도한다. 그러나 결국 사울은 비극적으로 그의 삶을 마감한다.

(4) 자유/독립: 고라

민수기 16장에는 레위의 자손 고라와 르우벤 자손 다단과 아비람과 일반 지도자 250명이 모세와 아론에 반역하는 내용이 나온다. 레위 지파의 고핫의 아들 고라가 이 반역을 주도한다. 고핫 지파는 레위 지파의 가문으로 법궤와 장막을 책임진 지파이다.민4:4

레위 지파의 고라가 반역을 주도한 이유는 그의 지위와 권한이 모세와 아론의 리더십 아래에서 제한받고 있다는 불만 때문이었다. 다단과 아비람은 르우벤 지파 사람들로서 이 반역에 큰 역할을 하였다. 르우벤은 원래 이스라엘의 첫 번째 아들이었지만 과거에 잘못으로 인해, 르우벤 지파는 지위를 박탈당해서 성전 진영의 배열에서 유다에게 지도적인 지파의 자리를 내주어야 했다.민 2장 이런 이유로 다단과 아비람은 반역을 주도했다.120

이들의 공통된 불만은 바로 모세의 리더십이었다. 고라는 자신이 레위 지파의 한 가문이지만, 모세와 아론 중심의 리더십에서 자신의 가족이 간과되는 사실에 분노했을 것이다. 고라와 다단과 아비람은 공통적으로 자신들이 이스라엘 공동체 안에서 권력과 영향력을 잃은 것에 대한 불만이 있었다. 이들은 교만 해졌고 '함께 일어나서 모세를 거스린다.'민 16:2 이 표현은 이들이 모세의 권위에 대항하고 있음을 보여준다.121

고라의 반란은 단순히 개인적인 불만에서 비롯된 것이 아니라, 이스라엘 공동체 내에서의 권력 구조와 제사장 제도에 대한 근본적인 도전이었다. 고라는 모세의 리더쉽에 대항하기 위해 두 가지 내용을 주장한다.

첫째, 출애굽기 19장 6절 말씀의 내용 즉, '너희가 내게 대하여 제사장 나라가 되며 거룩한 백성이 되리라 너는 이 말을 이스라엘 자손에게 전할지니라'라는 말씀을 인용하며 이스라엘 백성이 모두 거룩한 백성으로 여겨져야 한다고 주장한다. 이는 아론 가족만 특별직을 수행할 거룩한 가족이 아니라 이스라엘 백성 모두가 거룩하기에 하나님과의 관계에서 모두가 평등하다고 주장하며, 모세와 아론의 리더십에 도전한다. 둘째, 출애굽기 29장 45절 '내가 이스라엘 자손 중에 거하여 그들의 하나님이 되리니'을 통해, 고라는 모세와 아론만 왜 높게 평가하느냐고 도전한다. 고라는 사실상 제사장 제도를 폐지하길 원했던 것은 아니고, 아론처럼 자신을 포함한 다른 레위 지파 사람들도 특권을 가지길 원했다.122

결론적으로 말하면, 고라와 반역자들은 모세와 아론의 리더십을 따르고 싶지 않은 강한 욕구를 드러내고 있다. 모세와 아론의 지도력으로부터 독립하고 자유로워지고 싶은 것이다. "그들의 불평은 수직 체계에 대항하는 것이었고, 그들은 모세와 아론과 동일한 지위를 주장하고 있었다."123

3. 신약의 인물로부터 발견되는 네 가지 욕구

(1) 생존/안전: 삭개오 (눅 19:1-10)

삭개오의 이야기는 누가복음 19장 1-10절에서만 나온다. 그래서 10구절의 짧은 본문에서 삭개오가 누구인지 자세한 설명은 없다. 단지 2절에서 "삭개오라 이름하는 자가 있으니 세리장이요 또한 부자라"고만 언급한다. 우리는 삭개오에 대한 이 짧은 서술에서 그가 어떤 사람인지 추측할 수 있다.

먼저 누가는 삭개오를 '어떤 남자'로 소개한다.개역개정-'자가 있으니' 누가는 '남자'를 가리킬 때 'ανθρωπος'라는 단어를 주로 사용하였다.누가복음에서 300번 이상 그러나 이곳에서는 '품위의 표가 없다'라는 뜻의 'ἀνὴρ'라는 단어를 사용한다. 이것은 삭개오가 평판이 그리좋지 않은 사람임을 암시한다.124 그러나 삭개오라는 이름의 의미는 완전 다르다. 'Ζακχαίος'는 히브리어의 זך를 헬라어로 음역한 것인데, 히브리어 형용사 זך는 '깨끗한' 또는 '순결한'을 뜻한다.125

둘째로 삭개오는 '세리장'이었다. 이 당시 로마인들은 간접세통행세, 관세, 사용세를 거두는 일을 경매에 붙였고, 최고 입찰자에게 그 일을 최종적으로 맡겼다. 입찰자는 자신이 돈을 지불했기에, 임의로 세금의 금액을 정하고 거두어 들였다. 삭개오는 하급 세리가 아니라 세리장이었다. '세리장'이라는 단어는 이곳에서만 사용되었는데, 삭개오는 함께 계약을 맺은 동업자 집단의 우두머리로서 단독 계약 소유주이거나, 동업자들이 그 일을 감독하도록 고용한 사람일 것이다.126

세리는 봉급을 받지 않았기에 세금을 최대한 많이 거두어서 로마에 약속한 금액만 지급하고 나머지는 자기 소유로 챙겼다. 로마 당국은 자신들이 책정한 징수액만 걷히면 세관 책임자들이 그 이상 세금을 거두어도 상관하지 않았다.127 그래서 세리는 유대 세계에서 살인자들과 강도들과 같은 부류로 분류된 증오의 대상이었다.128

셋째로, 삭개오는 '부자'였다. 삭개오는 여리고를 거점으로 활동한 세리였다. 특히 여리고는 국경도시였기에 세관이 있었고, 유대에서 가장 비옥한 지역이었으며 헤롯의 왕궁이 있는 가장 부유한 도시였기에 다른 세입이 많았다.129 그렇기에 여리고는 세리들에게 있어서 A급 지역이었다. 예루살렘과 동방을 잇는 무역로가 여리고를 지나가고 있었고, 여러 종류의 토산물 생산지였기에 이곳에서 세리장이었던 삭개오가 부자인 것은 너무나 자연스러운 일이다.130 특히 세리장이었던 삭개오가 부자로 소개되는 것은, 그가 양심적으로 올바르게 생활하지 않았다는 사실을 보여준다.131

지금까지 성경에서 언급한 내용을 토대로 삭개오가 어떤 부류의 사람인지 살펴 보았다. 이상의 내용을 볼 때, 삭개오는 유대인들이 죄인 취급을 하고 사회적으로 소외 당하는 세리라는 직업을 선택했다. 이것으로 보아 그는 사랑/소속의 욕구가 높은 사람은 아니다. 오히려 그는 사람들의 비난과 차별에도 불구하고 부자가 될 수 있는 세리의 직업을 선택했다. 그것도 단순한 세리가 아닌 세리장이 되었다. 이것으로 보아 그에게 있어서 가장 큰 욕구는 생존/안전 임을 우리는 알 수 있다.

이 사실을 뒷받침하는 내용을 우리는 예수님을 만난 후 변화된 삭개오의 고백에서 찾을 수 있다. 삭개오는 "주여 보시옵소서 내 소유의 절반을 가난한 자들에게 주겠사오며 만일 누구의 것을 속여 빼앗은 일이 있으면 네 갑절이나 갚겠나이다.8절"고 고백한다. 이런 삭개오의 단언은 그가 구원을 받은 후눅 9:9-10 자신의 죄악 된 과거에 대한 회개의 열매를 맺겠다는 약속의 의미이다.132

삭개오가 약속한 내용은 두 가지이다. 첫째, 가난한 자들에게 자신의 소유 절반을 나눠주겠다는 것이다. '절반'은 '모든 것' 보다는 적지만 삭개오가 자신의 재물을 가난한 자를 위해 과감하게 처

분하겠다는 의미이다. 둘째. 속여 **빼앗은 것에 네 갑절로 갚는 것이**
다. 네 배의 배상은 율법의 어느 규정을 따르는 것이 아니다. 그러나
이것은 삭개오가 자신이 잘못한 것보다 훨씬 더 큰 규모로 배상하겠
다는 의지이다.133 삭개오는 사람들의 멸시와 천대를 받아가며 평생
모았던, 자신이 인생 가운데 가장 열렬히 추구했던 재물을 내어놓는
다.

(2) 사랑/소속감: 수가성 여인(요 4:5-30)

예수님은 사마리아에 있는 수가라는 동네에서 한 여인을 만난
다. 예수님과 수가성 여인과의 대화 가운데, 우리는 이 여인에게 많
은 남편총 6명이 있었음을 알 수 있다. 왜 이 여인은 이렇게 많은 남편
을 두었는가? 그녀가 많은 남편과 살도록 한 그녀 안의 욕구는 무엇
인가? 이것을 위해 먼저 6명의 남편과 산 그녀의 삶을 어떻게 이해해
야 할 지 살펴볼 필요가 있다.

먼저 그녀의 삶에 대해 비판적이지 않은 견해이다. 예를 들면,
브루스Frederick Fyvie Bruce는 그녀의 변화무쌍한 결혼 생활에 다
음과 같이 기술한다. "우리는 어째서 그녀에게 그렇게 많은 남편들
이 있었는가를 알지 못한다. 아마 그녀는 신명기 24장 1절의 의미에
서 '부정해 보이는 것' 때문에 남자마다 그녀와 이혼하였을 것이다.
아니면 그녀의 남편이 죽어서 그리되었을 수도 있다. 그런데 이제
그녀는 정상적으로 결혼하지 아니한 한 남자와 동거하고 있는 중이

다. 아마도 어떤 법적 하자 때문에 정규적인 결혼을 하지 못한 것 같다".134 Bruce의 의견을 보면 수가성 여인을 율법을 어겨가면서 부도덕한 삶을 사는 여인으로 보지 않는 것 같다.

그러나 수가성 여인에 대해 부정적으로 평가하는 견해가 주도적이다. 수가성 여인은 과거에 다섯 명의 남편과 사는 비도덕적인 삶을 살았다. 왜냐하면 이 당시 랍비들은 어떤 사람이 법적 하자가 없는 혼인도 일생에 세 번 이상 결혼하는 것을 찬성하지 않았기 때문이다. 이는 남편들과 사별한 경우라 하더라도 마찬가지였다. 게다가, 지금 살고 있는 남편도 본문에 나오는 '네 남편'의 헬라어 표현상 다른 여인의 남편일 가능성이 높다. 결국, 이 여인은 연속적으로 음행을 저지르고 있었던 것이다.135

필자는 후자 즉 수가성 여인이 부도덕한 삶을 살았다고 본다. 그 이유는 첫째, 앞서 언급했듯이 3번 이상 결혼하지 않는 당시 풍습을 깨고, 여인은 5번 결혼하고 6번째 남자도 자신의 남편이 아니기 때문이다. 둘째, 예수님께서 여인과 대화도중 갑자기 남편을 데리고 오라고 하신 이유 때문이다. 예수님은 수가성 여인과 대화하면서 이 여인의 영생과 관련해서 가장 근본적인 문제부정한 결혼 생활를 다루기 원하셨다.136

셋째, 이 여인은 자신의 정상적이지 못한 삶의 방식으로 인해 사회적으로 고립된 삶을 살고 있었기 때문이다. 이 우물에 물을 길러 온 시간은 여섯 시쯤6절이었다. 여섯 시는 오늘날 시간으로 낮 열 두

시이다. 이 시간 여인은 우물에 혼자 왔음이 분명하다. 보통 여인들은 태양의 열기가 아주 강렬한 한낮을 피해 그 이전이나 이후에 그것도 무리를 지어 물을 얻으러 온다. 이 여인은 자신의 부끄러운 삶 때문에 사람들을 피해 한낮에 혼자 왔다.137

수가성 여인은 평생 사랑에 목말라 하며 산 여인이었다. 그녀는 누군가의 사랑에 굶주려 있었다. 그러나 이런 그녀의 사랑/소속의 욕구는 오히려 그녀의 삶을 비참하게 만들었다. 평생 버림받고 따돌림 당한 그녀는 드디어 예수님을 만나 영원히 목마르지 않는 생수를 마신다. 예수님은 그녀의 가장 근본적인 문제 즉 남자 이야기를 통해, 그녀가 자신의 부정적인 욕구사랑/소속감로 인해 맺고 있는 메마른 인간관계에 대한 새로운 인식을 갖게 하셨다.138

(3) 권력/탁월함: 헤롯 왕(마 2:1-18)

신약 성경에서 권력 욕구가 강했던 인물을 찾는다면 단연코 헤롯왕일 것이다. 헤롯왕의 아버지는 이두매 사람 Arab Antipater로 로마의 치안을 담당하는 경찰의 우두머리였다. 헤롯왕은 아버지의 대를 이어서, 주전 73년 로마로부터 유대의 왕으로 임명되었다.139 이처럼 헤롯의 가문은 왕위를 계승 받을 권리가 없는 집안이었다. 그렇기에 헤롯은 전통적인 왕의 가문에 속한 사람에게 특히 약했다.140 이런 헤롯은 누구보다 권력에 대한 욕망이 강했다. 그는 자신의 자리를 위협하는 모든 사람을 증오했으며, 동시에 가능성 있는

경쟁자를 두려워했다.141

이런 헤롯에게 동방박사들이 찾아와 '유대인의 왕'마 2:2의 탄생 소식을 전했다. 유대인의 왕을 결코 용납할 수 없던 헤롯은 이 아이가 자신의 통치에 위협이 될 것이라 생각하고 상당한 충격을 받는다. 마태복음 2장 3절 "헤롯왕과 온 예루살렘이 듣고 소동한지라"에서 '소동했다'έέαράχθη는 헬라어로 부정 과거 수동태 동사로 동작의 개시나 발단을 나타낸다. 그리고 '듣다'ἀκούσας는 시간 혹은 원인 분사로 헤롯이 박사들의 질문을 들었을 때 불안하게 되었음을 암시한다.142 헤롯은 '유대인의 왕' 출생 소식에 당혹감과 두려움에 사로잡힌다.

특히 이 당시주후 1세기 동방이 강력해져서 유대 출신 통치자들이 세계를 장악하고 지배할 것이라는 강력한 소문이 돌았다. 유대 역사가 Flavius Josephus와 로마 역사가 Suetonius도 동일한 내용을 자세히 기록해 놓았다.143 이런 소문을 잘 알고 있던 헤롯은 박사들이 예수님을 '유대인의 왕'이라 칭할 때, 그의 통치가 종말에 이르게 되었다는 징조로 받아들일 수 있었다.144

권력의 욕심이 강했던 헤롯은 불안과 두려움에 잠재적 경쟁자, 아기 예수를 죽이기로 작정한다. 헤롯은 박사들에게 태어난 아기에 대해 알아보고 아기가 있는 곳을 보고해 주면 자신도 가서 경배하겠다고 박사들을 속인다.8절 그러나 이후에 자신이 박사들에게 속은 것을 알고 분개하고, 사람을 보내 유아들을 학살한다.16절.

헤롯은 박사들의 기만에 분노하여 자신의 학살 계획을 확장한다. 아기의 소재를 정확히 몰라 베들레헴 전체 지역의 모든 남자 아이를 죽인다. 그리고 박사들이 별을 처음 본 때가 2년 전이라 말했기에 두 살부터 그 아래의 어린 남자 아이를 모두 죽이라고 지시한다.145 아기를 죽이겠다는 일념에 사로 잡힌 헤롯은 그 일을 실수 없이 분명히 하기 위해 지리적베들레헴과 그 모든 지경 안, 시간적인두 살부터 그 아래 한계를 되도록 넉넉하게 설정하였다.146

헤롯은 자신의 정치 권력욕에 사로 잡혀 끔찍한 유아 학살을 저지른다. 그의 정치 욕구와 관련된 만행은 수도 없이 많다. 예를 들면 그는 자신이 왕이 되기 전 유대를 다스리던 하스모니아 왕조의 남은 자들을 살육했으며, 산헤드린 구성원의 절반 이상을 처형하였고, 300명의 궁정 관리들을 즉석에서 죽였다. 심지어 그는 하스모니아 출신의 아내 마리암네와 그녀의 어머니 알렉산드라 그리고 자신의 아들 아리스토불루스와 알렉산더와 안티파테르까지 처형하였다. 그리고 자신이 죽어갈 때 죽음의 공포로 인해 예루살렘의 모든 저명인사들을 경기장에 소집해 놓고 처형시켰다.147

이처럼 헤롯은 권력에 대한 욕구로 인해 죄 없는 수 많은 사람들을 죽였다. 특히 마태복음 2장에는 이 세상의 진정한 왕이신 아기 예수를 죽이려고 발빠르게 움직이는 헤롯의 모습을 볼 수 있다. 그리고 동시에 실수 하지 않기 위해 무고한 아이를 대량으로 학살하는 그의 잔인함도 본다. 태어난 아이가 정말 유대인의 왕이 되는지 확

실치 않은 상황에서, 이렇게 아이들을 무참히 살육하는 헤롯 안에 얼마나 거대한 권력의 욕심이 있었는지 우리는 알 수 있다.

(4) 자유/독립: 탕자(눅 15:11-32)

탕자, 잃어버린 아들 이야기는 예수님께서 말씀하신 비유이다. 탕자가 실제 인물은 아니지만, 우리는 탕자를 통해 자유/독립의 욕구가 강한 사람의 특징을 볼 수 있다. 탕자의 비유는 중동 관습의 고정 관념을 깨며 이야기가 시작된다. 보통 인물은 나이가 많은 아버지, 큰 아들, 작은 아들 순서로 등장해야 하는데, 작은 아들이 먼저 말을 한다. 그것도 손위의 사람인 아버지에게 '재산 중에서 내게 돌아올 분깃을 내게 주소서12절'고 말하며 도발한다.

둘째 아들의 이런 요구는 사실상 그가 요구하는 유산의 양이 아니라 유산을 요구하는 시도 자체와 요구한 시점이 문제이다. 이런 둘째 아들의 행동은 불법은 아니지만 현명한 행동이 아니다. 이런 행동은 아버지와 가족 모두에게 수치이며, 더 이상 한 가족으로 살고 싶지 않다는 공개적인 선언이다.148

둘째 아들처럼 아버지에게 자기 몫의 유산을 미리 달라고 요청하는 것은 유대 관습에 맞지 않다. 이것은 사실상 "아버지, 저는 아버지가 죽은 사람이었으면 좋겠습니다"고 말하는 것과 다름없다. 이것은 아버지에 대한 순종이 강조되었던 유대 사회에서는 심각한 반역 행위이며 용서 받지 못할 죄이다.149

아버지는 둘째 아들의 이런 억제되지 못한 요구를 순순히 들어준다. 구약의 율법에 따르면 아버지가 죽을 때 큰 아들은 작은 아들에 비해 곱절로 유산을 받게 되어있다. 그래서 작은 아들은 3분의 1을 가질 수 있다. 그러나 아버지가 죽기 전에 재산 양도가 되면 그 몫이 더 적어져 9분의 1 정도였을 것이다.150

둘째 아들은 이후에 자기 몫을 돈으로 환산해서 '그 후 며칠이 안 되어 둘째 아들이 재물을 다 모아 가지고', 13절 아버지를 떠난다. 왜 둘째 아들은 이렇게 행동하는가? 대부분 신학자들은 둘째 아들의 독립과 자유에 대한 욕구 때문이라 지적한다. 둘째 아들은 아마도 십대 후반의 소년이었으며 아직 결혼을 하지 않았을 것이다. 그는 자유롭게 자기의 길을 가기를 원했고, 실제로 아버지와의 관계를 끊고 아버지에게서 멀리 떠나 자기가 가고 싶은 곳으로 떠났다. '그는 분명히 자유로운 삶을 갈망했다'.151

이 당시 유대인들은 타국으로 이주를 많이 하였다. 이때 이스라엘에 거주하는 인구가 약 50만 명이었으나, 타국에는 8배나 많은 400만 명의 유대인들이 흩어져 살고 있었다.152 유대인들은 자신들이 거주하던 팔레스테인이 자주 기근과 외국 군대에 시달렸기에 타국으로 많이 이주하였다. 디아스포라의 무역 중심지로 옮기면 경제적으로 더 유리한 기회를 얻을 수 있다는 소망이 있었다.153

둘째 아들은 이렇게 자신에게 더 유익한 지역으로 가고자 하는 이기적인 이해 관계를 추구했기에, 아버지에 대한 의무를 버리고 가족의 유대를 끊어버린 것이다. 둘째 아들은 아버지 아래에서 매일 매일 하는 일상적인 일에 혐오감을 느꼈기에, 아버지의 간섭으로부터 벗어나 독립적으로 자유롭게 다른 나라에 가서 자기 좋을 대로 살기를 원했다.154 결론적으로 말하면, 아버지 권위 아래에서 순종하며 살던 첫째 아들과는 달리, 둘째 아들은 독립/자유의 욕구가 있어 당시에 관습으로 볼 때 말도 안 되는 요구부정적 욕구로 인해 생기는 부정적 행동를 하며 아버지로부터 벗어나려고 했다.

4. 기독교 영적 치료 기법

지난 20년간 종교적religious 그리고 영적spiritual 치료 기법이 많이 발전했다. 이런 변화는 심리학과 정신 건강 분야에서의 연구와 실천의 진보와 밀접히 연관되어 있으며, 여러 치료 접근법이 통합되고 새로운 기법이 탄생하게 되었다. 예를 들면, 행동 치료behavior therapy와 인지 행동 치료cognitive behavior therapy의 제 3세대로 수용전념치료 Acceptance and Commitment Therapy, 마음 챙김 인지 치료Mindfulness - Based Cognitive Therapy, 변증법적 행동치료Dialectical Behavior Therapy가 있다. 이러한 변화와 함께 기독교 영적 치료 기법도 함께 발달했다.155

기독교 영적 치료 기법은 암묵적 통합Implicit Integration과 명시적 통합Explicit Integration이 있다. 암묵적 통합은 내담자가 비신자거나 신자라 할지라도 영적인 일에 관심 없는 사람을 대상으로 사용한다. 상담 중에 상담자와 내담자 간에 종교적 또는 영적 문제에 대해 논의를 하지 않는다. 치료에서 기도나 성경과 같은 영적 개입을 공개적, 직접적, 체계적으로 사용하지 않는다. 이 방법은 치료에 있어 기독교 신앙을 통합하기 위한 보다 은밀한 접근 방식이다. 예를 들면 내담자를 위해 상담자가 속으로 기도하고, 아가페 사랑을 보여준다.

이에 반해 명시적 통합은 신앙이 상담 치료에 효과가 있다고 믿는 그리스도인 내담자를 대상으로 한다. 영적인 내용을 직접적으로, 구두적으로, 체계적으로 다룬다. 기도, 성경, 교회 또는 지원 그룹예, 성경공부 모임, 평신도 상담사, 그리고 종교적 관행 등을 치료 자원으로 사용한다. 특별히 내담자의 영적 성장은 기독교 치료에서 명시적 통합의 중요한 측면이다.156

Eck Brian은 영적 성장을 위한 실제적 훈련 내용을 세 가지 범주로 소개하며, 각 범주가 어떻게 영적 성숙에 기여하는지를 구체적으로 제시한다. 이 세 가지 범주는 인지, 행동, 대인 관계로 구성되어 있는데, 각각의 훈련은 내면의 변화를 이끌어내고, 더 깊은 신앙의 삶으로 나아가 데 중요한 역할을 한다.

브라이언 에크의 영적 성장 훈련 내용157

인지	명상, 경청, 성경, 학습, 기도, 분별력
행동	단순함, 검소함, 금식, 고독, 침묵, 봉사, 희생
대인 관계	고백, 회개, 용서, 복종, 겸손, 환대

기독교 전문 상담가는 내담자에 따라 암묵적 통합 또는 명시적

통합 기법을 선택하여 사용해야 한다. 필자는 이 책에서 두 가지 이유로 명시적 통합 기법을 소개하려 한다. 첫째, 이 책의 독자들은 이미 그리스도인들로 기독교 영적 치료 기법에 대해 알고 싶어 하기 때문이다. 특히 독자들은 세속적인 치료 기법이 아닌 기독교 영적 치료 기법에 대한 기대감이 있다. 이런 이유로 기독교 영적 치료 기법은 독자들에게 보다 친숙하고 의미 있는 방식으로 다가갈 수 있다. 독자들은 신앙이 개인의 삶에 미치는 영향을 깊이 인식하고 있으며, 이러한 신앙을 치료 과정에 어떻게 통합하는지 알기를 원한다. 그러므로 우리는 기독교 상담에 대한 개념을 다시 한 번 확인할 필요가 있다.

Gary Collins는 기독교 상담자를 "헌신 되고 성령의 인도를 받는 예수 그리스도의 종으로서 하나님이 주신 능력, 기술, 훈련, 지식, 통찰력을 다른 사람 등을 돕는 일에 적용하여, 그들이 온전함에 이르고 대인관계에서 자신감을 갖게 해 주며 정신적인 안정과 영적인 성숙을 이룰 수 있도록 돕는 사람"이라고 정의한다.[158]

정정숙은 기독교 상담은 "상담자와 내담자간의 관계에서 당면한 문제를 해결하고 성령의 역사하심으로써 비성경적인 사고, 감정, 행동을 성경적인 것으로 변화시키기 위하여 재교육하는 것이며, 그 목적은 사람을 변화시켜서 하나님의 영광을 위해 살도록 돕는 것"이라고 정의한다.[159]

둘째, 신학적인 이유 때문이다. 앞서 필자는 욕구와 관련된 신학자들의 주장을 살펴보았다. 부정적인 욕구의 뿌리는 인간의 죄성이다. 인간의 죄성은 불순한 욕망과 행동의 원인으로 작용하며, 이는 우리 삶의 여러 영역에서 부정적인 영향을 미친다. 따라서 부정적인 욕구열매를 다루기 위해 무엇보다도 죄성뿌리을 다루어야 한다. 우리의 죄성을 다루는 것은 곧 성경에서 말하는 거룩함이다. 그러므로 부정적인 욕구 극복을 위한 치료 기법으로 다양한 기법을 사용할 수 있지만, 기독교 영적 기법묵상, 기도, 금식, 말씀, 고백, 용서을 사용할 필요가 있다.160

성경을 보면 많은 곳에서 성도가 어떻게 거룩해질 수 있는지 방법적기독교 영적 기법으로 알려준다. 이런 것들은 말 그대로 방법이며 수단이다.161 거룩하신 하나님을 우리가 본받기 위해서, 우리는 하나님을 만나고 경험하는 것이 필수이다. 성경에서 말하는 성도가 거룩해지는 방법은, 결국 하나님 현존 앞으로 나아가도록 이끌어주는 수단이다. 하나님과 함께 할 때 우리의 부정적 욕구는 극복될 수 있다.

필자는 명시적 기독교 영적 치료 기법으로 1) 인지: 말씀, 관계, 2) 감정: 기도, 묵상, 3) 행동: 용서, 감사, 4) 종합: 일기를 선택하여 제시할 것이다.

5장 / 삶의 적용

지금까지 욕구에 대한 성경적, 신학적, 현대 기독교 상담학적 관점을 살펴보았다. 부정적 욕구는 성도 안에 있는 죄성의 핵심이다. 부정적 욕구가 발동 될 때, 성도답지 못한 모습이 드러난다. 그리고 성도의 영적 성장에 방해물이 된다. 그렇기에, 성도는 부정적 욕구를 극복할 필요가 있다. 필자는 이를 위해 이 책에서 두 가지를 제시하려고 한다. 첫째, 성도 안에 있는 부정적 욕구 발견하기이다. 자신 안에 있는 특정 부정적 욕구가 무엇인지, 그리고 이것이 삶에서 구체적으로 어떻게 작동하는지 살펴 볼 것이다. 둘째, 기독교 영적 치료 기법의 사용 방법이다. 기독교 영적 치료 기법이 무엇인지, 그리고 이것을 사용하여 어떻게 나의 특정 부정적 욕구를 극복 할 수 있는지 살펴 볼 것이다. 이런 과정을 통해 성도는 영적 성장을 위한 내면세계로의 여행을 시작할 수 있다.

1. 부정적 욕구 이해

우리는 앞서 모든 인간에게 공통적으로 있는 4가지 안전/생존, 소속/사랑, 권력/중요함, 독립/자유 욕구에 대해 확인하였다.

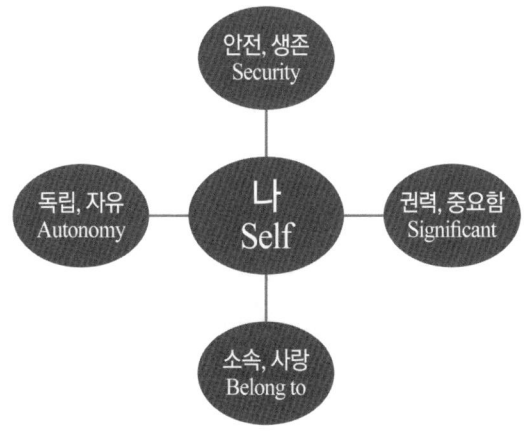

(1) 자기 욕구 발견하기

성도는 4가지 욕구 중에 특별히 한 가지 욕구에 더 강하게 지배를 받는다. 우리는 이 주도적인 욕구가 무엇인지 찾아낼 필요가 있다. 이를 위해 필자는 4가지 방법을 제시한다.

첫째, 글래서 William Glasser의 욕구 검사지 부록 참조를 사용할 수 있다. 글래서는 인간의 욕구를 5가지 즉, 생존 survival, 사랑과 소속감 love & belonging, 권력 power, 자유 freedom, 재미 fun로 제시하였다. 그는 5가지 욕구 검사를 위한 검사지를 만들었다. 우리는 글래서의 다섯 번째 재미 fun 항목을 제외한 나머지 4가지 항목으로 된 검사지를 활용할 수 있다. 검사지를 통해 우리는 자신의 욕구가 무엇인지 객관적으로 알 수 있다.

2,3,4번째 욕구 관찰 방법은 주관적 방법으로 자기 내면의 관찰이다. 둘째, 과거에 대한 회상이다. 참여자는 자신의 과거 기억 중 가장 수치스러웠고 두려웠던 사건이 무엇인지 생각한다. 이 사건은 자신의 부정적 욕구가 형성하는데 결정적 역할을 했을 가능성이 매우 높다.

예시 결혼을 하여 5살 딸을 둔 엄마. 이 자매는 4살 때 아버지가 사고로 돌아가셨다. 홀어머니가 이 자매와 남동생을 키웠다. 자매의 기억에 어머니가 일을 가면서 두 남매를 방에 놓고 밖에서 문을 잠그고 갔다. 초등학교 때 집이 가난해서 자신의 친구들과 비교가 되었다. 친구들이 구입하는 학용품과 장난감을 사지 못하는 자신의 모습이 매우 창피했다. 어머니가 이후에 재혼을 하였는데, 새 아버지는 알코올 중독에 가정 폭력을 행하였다. 재정적으로 힘들어서 이 자매는 상업 고등학교를 가고 이후 대학을 못가고 취업하였다. 이 자매는 안전, 생존에 대한 욕구가 높다. 특별히 가정과 자녀들에 대한 안전, 생존 욕구가 높아졌다.

셋째, 과거에 누군가와의 관계가 깨어진 때를 돌아본다. 지금까지 살아오면서 누군가와 관계가 나빠지거나 단절된 경우를 회상하며, 그때 그런 결과를 가져온 원인과 이유가 무엇인지 확인한다. 자신의 부정적 욕구로 인해 관계 단절이 되었을 가능성이 높다.

예시 위에서 언급한 자매는 교회 안에서 함께 신앙생활 하던 교우들과 관계가 깨어지는 경험을 한다. 그 이유로 한 예는 자신의 아이와 다른 성도의 아이가 놀다가 싸우게 되면, 이 자매에게 상대방 아이는 적이 된다. 왜냐하면 자신의 부정적 욕구로 인해, 상대방 아이는 자기 자녀의 안전을 위협하는 적이 된다. 자신의 아이를 보호하려는 욕구로 인해 상대방 아이를 비난 또는 비방하게 되고 상대방 아이 부모와의 관계도 깨어진다.

넷째, 평상시 하는 자신의 대화 내용을 점검한다. 친구를 비롯한 주변 사람들과 만나서 주로 나누는 대화의 내용을 살펴본다. 이런 주된 관심사를 통해 자신의 욕구가 무엇인지 알 수 있다

예시 이 자매는 친구, 교회 성도를 만나서 이야길 할 때, 주된 내용은 자녀의 안전과 생존과 관련된 이야기가 주 관심사이다. 이 자매는 오랫동안 신앙생활을 하였다. 그러나 자신의 부정적 욕구로 인해, 마 10:36-38과 같은 말씀을 이해하고 받아들이기 힘들어 한다. "사람의 원수가 자기 집안 식구라, 아버지나 어머니를 나보다 더 사랑하는 자는 내게 합당하지 아니하고 아들이나 딸을 나보다 더 사랑하는 자도 내게 합당하지 아니하며, 또 자기 십자가를 지고 나를 따르지 않는 자도 내게 합당하지 아니하니라". 이 말씀은 주님의 제자가 되기 위해서는 가정이 아니라 주님이 우선순위 이어야 한다는 말씀이다. 자매는 이런 주제로 대화하는 것을 불편해 하고 힘들어 한다.

이상으로 필자는 자신 안에 있는 부정적 욕구를 발견하기 위한 4가지 방법객관적, 주관적을 소개하였다. 이 방법을 통해 우리는 내 안에 있는 부정적 욕구가 무엇인지 알 수 있다.

(2) 부정적 욕구의 패러다임

사람은 저마다 자기 방식대로 부정적 욕구에 반응한다. 이런 반응 방식에는 일정한 패러다임이 있다. 그 패러다임은 아래 그림과 같이 묘사할 수 있다.162

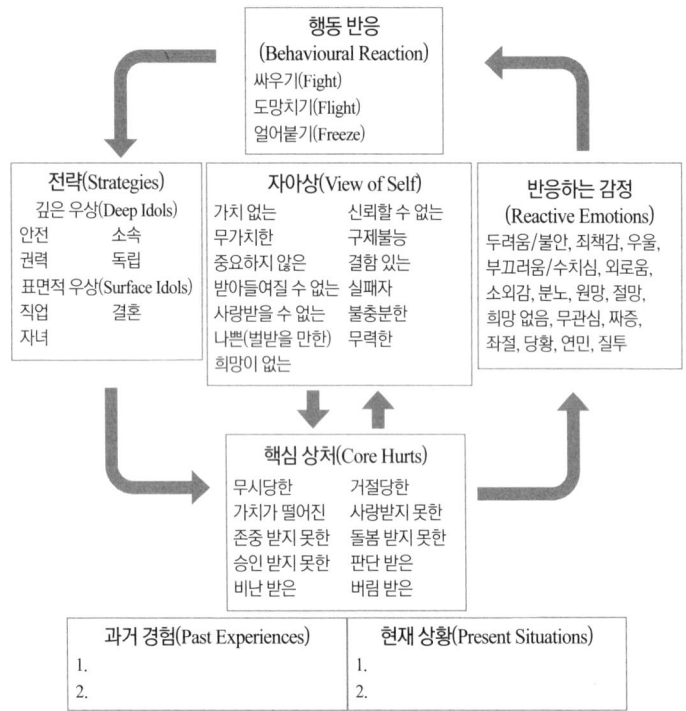

사람은 과거의 경험으로 인해 핵심 상처를 가진다. 이 상처는 자아상을 형성하는데 영향을 미친다. 이런 상처와 자아상은 특정한 감정적 반응을 이끈다. 그리고 싸우기, 도망치기, 얼어붙기와 같은 행동으로 반응하게 한다. 특히 부정적 욕구와 관련 있는 삶의 전략을 채택하게 만든다. 구체적인 예로 야곱안전, 소속수가성 여인, 자유탕자의 패러다임은 다음 그림과 같다.

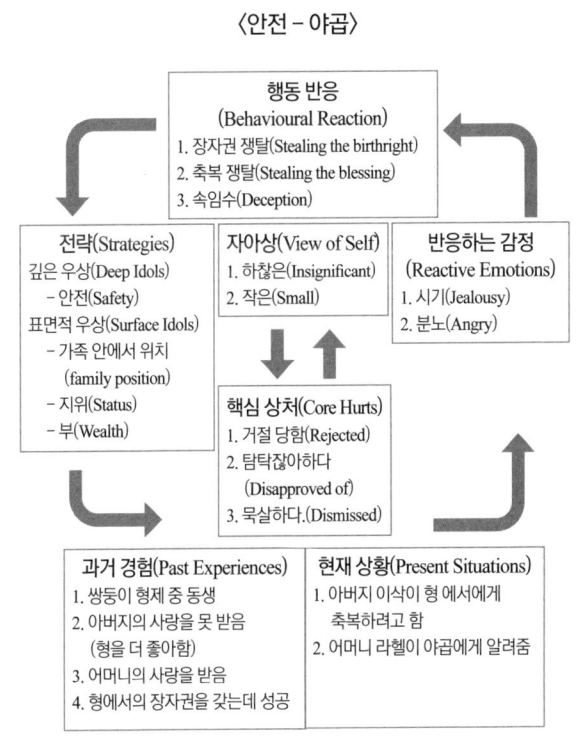

〈안전 - 야곱〉

〈소속 - 수가성 여인〉

행동 반응 (Behavioural Reaction)
1. 혼자 지내기(Living alone)
2. 의존적(남자, Dependent on men)
3. 흠이 있는(Flawed)

전략(Strategies)
깊은 우상(Deep Idols)
 - 소속(Belong to)
표면적 우상(Surface Idols)
 - 다섯 번의 결혼

자아상(View of Self)
1. 가치 없는(Worthless)
2. 사랑받지 못한(Unlovable)
3. 흠이 있는(Flawed)

반응하는 감정 (Reactive Emotions)
1. 외로움(Loneliness)
2. 사회적 불안(Social anxiety)

핵심 상처(Core Hurts)
1. 거절 당함(Rejected)
2. 원치 않음(Unwanted)
3. 버려진(Abandoned)

과거 경험(Past Experiences)
1. 남편이 다섯 명이 있음

현재 상황(Present Situations)
1. 사회적 고립

⟨자유 – 탕자⟩

행동 반응(Behavioural Reaction)
1. 유산 요구
2. 집에서 벗어나기
3. 무모함과 낭비에 빠짐
4. 쾌락을 추구

전략(Strategies)
깊은 우상(Deep Idols)
 - 독립/자유(Autonomy)
표면적 우상(Surface Idols)
 - 돈, 술, 성

자아상(View of Self)
1. 늘 부족한(Never enough)
2. 가치 없는(Worthless)
3. 쓸모 없는(Useless)

반응하는 감정(Reactive Emotions)
1. 불만족(Dissatisfaction)
2. 억압된(Oppressed)
3. 소망이 없는(Hopeless)

핵심 상처(Core Hurts)
1. 자유가 억압된(Oppressed)
2. 열등감을 느끼다.(Feeling less than)
3. 과중한 부담(Overburdened)

과거 경험(Past Experiences)
1. 성실하고 능력 있고 높은 성취감을 가진 형과 비교되는 동생
2. 아버지, 형의 간섭을 받고 싶지 않고 자유로워지고 싶음
3. 아버지에게 유산을 미리 달라고 하고, 타국으로 떠남

현재 상황(Present Situations)
1. 모든 재산을 잃고 거지가 됨. 돼지 음식을 먹으며 고생
2. 고향의 부모님을 그리워하는 처지가 됨

지금까지 부정적 욕구 반응 패러다임을 살펴보았다. 이것을 다른 모습으로 나타내면 아래 그림과 같다.163

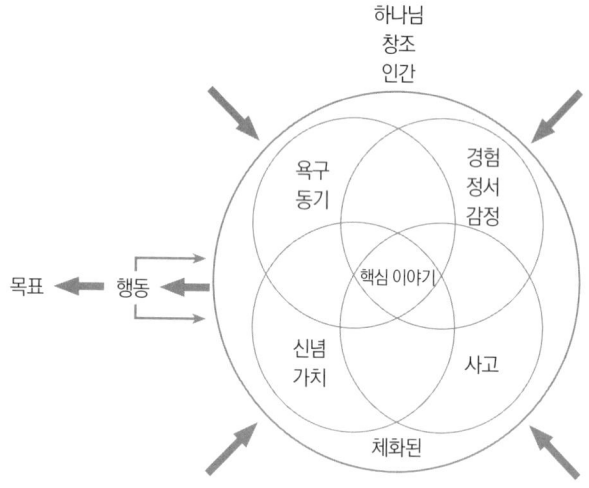

(3) 부정적 욕구의 작동

아래 그림은 부정적 욕구가 자기 자신과 타인 그리고 하나님과의 관계에 어떻게 작동하는지 보여준다.

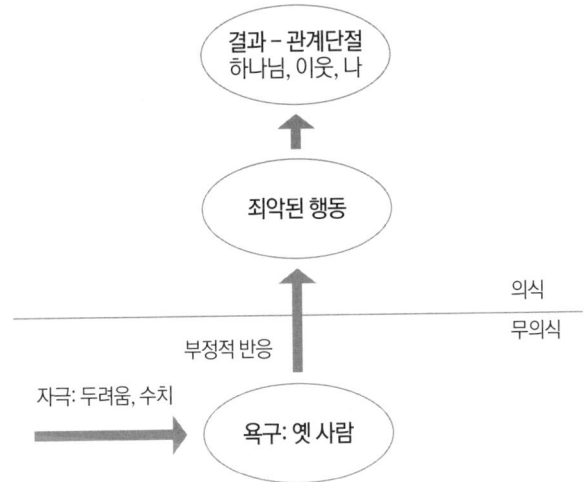

일상의 생활을 하다 두려움 또는 수치를 느끼는 상황에 놓이면, 우리의 부정적 욕구가 자극을 받는다. 이런 과정은 무의식 안에서 진행된다. 부정적 욕구가 자극 받으면, 우리는 죄악된 행동을 하게 되고, 이것은 나, 이웃, 하나님과의 관계를 망가뜨린다.

이런 부정적 욕구는 긍정적 욕구로 바뀌어야 한다. 부정적 욕구의 중심에는 두려움과 수치라는 감정이 있다. 그러나 긍정적 욕구의 중심에는 예수 그리스도가 있다.

부정적 욕구가 예수 그리스도 중심의 긍정적 욕구로 전환되면, 우리는 자기 자신을 바라보는 관점이 아래와 같이 달라진다.

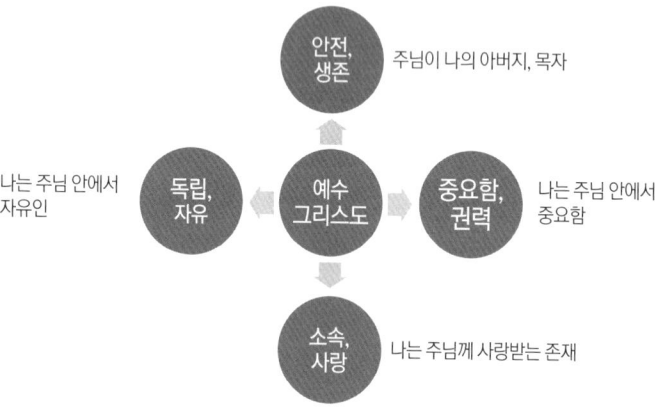

예수 그리스도 중심의 긍정적 욕구가 우리 삶에서 작동하면 생명의 운동이 일어난다. 우리는 나 자신, 이웃, 하나님 관계에서 회복을 경험한다.

다음 그림과 같이 부정적 욕구가 긍정적인 욕구로 전환되어야 하는데, 이것은 세상의 심리 치료기법으로는 한계가 있다. 왜냐하면 앞서 언급했듯이, 우리의 부정적 욕구는 죄성과 관련이 있기 때문이다. 그렇기에 우리는 기독교 이천년 역사 가운데, 우리 믿음의 선진

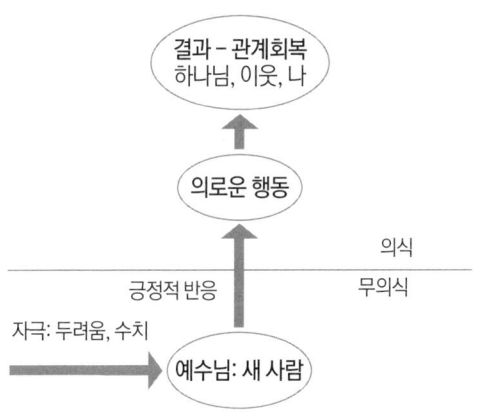

들이 사용해 온 기독교 영적 치료 기법을 사용할 필요가 있다. 기독교 영적 치료 기법의 핵심은 부정적 욕구의 두려움을 예수 그리스도께로 전환시키는 것이다.

필자는 7가지 기독교 영적 치료 기법말씀, 관계, 기도, 묵상, 용서, 감사, 영성 일기을 소개하려 한다. 핵심은 두려움에서 예수 그리스도께 집중하기 위해 기독교 영적 치료 기법을 어떻게 사용하나? 이다.

2. 기독교 영적 치료 기법 적용

필자가 소개하려는 7가지 기독교 치료 기법은 인지, 감정, 행동의 변화를 가져 올 수 있다. 7가지 모두 다 인지, 감정, 행동의 변화를 가져 올 수 있지만, 조금씩 강조점이 다르다. 다음 표는 이를 설명해 준다.

핵 심	두려움 → 예수 그리스도
1. 인지	말 씀
	관 계
2. 감정	기 도
	묵 상
3. 행동	용 서
	감 사
4. 종합	영성 일기

(1) 말씀(God's words)

하나님 말씀은 성도를 변화시킬 수 있는 능력이 있다. 뿐만 아니라 말씀은 성도의 성장을 위한 양식이다. 그래서 성도는 거듭난 이후 평생 하나님 말씀을 읽고, 묵상하고, 암송하며 말씀에 순종할 필요가 있다. 그러나 필자가 발견한 사실은, 성도는 하나님 말씀도 자신의 부정적 욕구에 따라 취사선택한다. 마치 어린 아이가 편식을 하는 것과 같다. 자신의 부정적 욕구와 관련해서 어떤 말씀은 좋아하고, 어떤 말씀은 거부한다. 앞서 필자는 한 자매의 예를 제시하였다. 이 자매는 안전이라는 부정적 욕구로 인해, 마 10:36-38과 같은 말씀을 거부한다.

이런 모습의 중심에는 두려움이 있다. 예를 들었던 자매의 두려움은 자기 자녀들이 자신과 동일한 경험을 하는 것이다. 그렇기에 우리는 하나님 말씀을 사용하여 이 두려움을 극복해야 한다. 4가지 욕구마다 두려워하는 내용이 다르다. 필자는 각 욕구에 필요한 주제와 성경 구절, 그리고 실천 내용을 만들어 보았다. 특히 제시된 성경 구절을 암송하여 두려움이나 걱정, 근심, 염려가 엄습할 때 사용하면 좋은 효과가 있다.

가. 안전 - 주님이 나의 아버지, 목자, 피난처

가) 아버지 - 요 1:12, 마 6:25- 26

요 1:12 영접하는 자 곧 그 이름을 믿는 자들에게는 하나님의 자녀가 되는 권세를 주셨으니

마 6:25-26 그러므로 내가 너희에게 이르노니 목숨을 위하여 무엇을 먹을까 무엇을 마실까 몸을 위하여 무엇을 입을까 염려하지 말라 목숨이 음식보다 중하지 아니하며 몸이 의복보다 중하지 아니하냐, 공중의 새를 보라 심지도 않고 거두지도 않고 창고에 모아들이지도 아니하되 너희 하늘 아버지께서 기르시나니 너희는 이것들보다 귀하지 아니하냐

나) 목자 - 시편 23:1

여호와는 나의 목자시니 내게 부족함이 없으리로다

다) 피난처 - 시편 59:16-17

나는 주의 힘을 노래하며 아침에 주의 인자하심을 높이 부르오리니 주는 나의 요새이시며 나의 환난 날에 피난처심이니이다, 나의

힘이시여 내가 주께 찬송하오리니 하나님은 나의 요새이시며 나를 긍휼히 여기시는 하나님이심이니이다

    라) 실천 - 마 6:33-34, 마 10:37-38, 눅 9:23

    마 6:33-34 그런즉 너희는 먼저 그의 나라와 그의 의를 구하라 그리하면 이 모든 것을 너희에게 더하시리라, 그러므로 내일 일을 위하여 염려하지 말라 내일 일은 내일이 염려할 것이요 한 날의 괴로움은 그 날로 족하니라

    마 10:37-38 아버지나 어머니를 나보다 더 사랑하는 자는 내게 합당하지 아니하고 아들이나 딸을 나보다 더 사랑하는 자도 내게 합당하지 아니하며, 또 자기 십자가를 지고 나를 따르지 않는 자도 내게 합당하지 아니하니라

    눅 9:23-24 또 무리에게 이르시되 아무든지 나를 따라오려거든 자기를 부인하고 날마다 제 십자가를 지고 나를 따를 것이니라, 누구든지 제 목숨을 구원하고자 하면 잃을 것이요 누구든지 나를 위하여 제 목숨을 잃으면 구원하리라

    * 주님을 위해 포기하고 헌신해야 할 것은?

    나. 사랑/ 소속 - 요17:23, 습 3:17, 요 14:20, 고후 11:2

    가) 사랑받는 존재

    요 17:23 곧 내가 그들 안에 있고 아버지께서 내 안에 계시어 그

들로 온전함을 이루어 하나가 되게 하려 함은 아버지께서 나를 보내신 것과 또 나를 사랑하심 같이 그들도 사랑하신 것을 세상으로 알게 하려 함이로소이다

습 3:17 너의 하나님 여호와가 너의 가운데에 계시니 그는 구원을 베푸실 전능자이시라 그가 너로 말미암아 기쁨을 이기지 못하시며 너를 잠잠히 사랑하시며 너로 말미암아 즐거이 부르며 기뻐하시리라 하리라

나) 하나님과 연합

요 14:20 그 날에는 내가 아버지 안에, 너희가 내 안에, 내가 너희 안에 있는 것을 너희가 알리라

다) 주님의 신부

고후 11:2 내가 하나님의 열심으로 너희를 위하여 열심을 내노니 내가 너희를 정결한 처녀로 한 남편인 그리스도께 드리려고 중매함이로다 그러나 나는

라) 실천

요 15:15 이제부터는 너희를 종이라 하지 아니하리니 종은 주인이 하는 것을 알지 못함이라 너희를 친구라 하였노니 내가 내 아버지께 들은 것을 다 너희에게 알게 하였음이라

요일 4:18 사랑 안에 두려움이 없고 온전한 사랑이 두려움을 내쫓나니 두려움에는 형벌이 있음이라 두려워하는 자는 사랑 안에서 온전히 이루지 못하였느니라

　* 주님의 사랑에 근거해서(나의 두려움이 아니라) 내가 사람들 관계에서 사랑을 실천해야 할 것과 거절해야 할 것은?

다. 중요함 / 권력 - 요일 4:10, 벧전 2:9
가) 하나님의 사랑을 받는 존재
요일 4:10 사랑은 여기 있으니 우리가 하나님을 사랑한 것이 아니요 하나님이 우리를 사랑하사 우리 죄를 속하기 위하여 화목 제물로 그 아들을 보내셨음이라

나) 성도의 가치
벧전 2:9 그러나 너희는 택하신 족속이요 왕 같은 제사장들이요 거룩한 나라요 그의 소유가 된 백성이니 이는 너희를 어두운 데서 불러 내어 그의 기이한 빛에 들어가게 하신 이의 아름다운 덕을 선포하게 하려 하심이라

다) 실천
빌 2:3 아무 일에든지 다툼이나 허영으로 하지 말고 오직 겸손한 마음으로 각각 자기보다 남을 낫게 여기고

고전 12장 은사를 주신 목적은 자기 자랑이 아니라 다른 지체를 유익하게 하기 위함 고전 12:7, **엡 4:12** 이는 성도를 온전하게 하여 봉사의 일을 하게 하며 그리스도의 몸을 세우려 하심이라

* 내가 칭찬하고 세워주어야 할 사람은? 다른 사람을 인정하고 세워주기 실천.

라. 자유/독립 - 요 8:31-36

가) 주를 믿는 자는 자유인

요 8:31-36 31,32,36

31 그러므로 예수께서 자기를 믿은 유대인들에게 이르시되 너희가 내 말에 거하면 참으로 내 제자가 되고 진리를 알지니 진리가 너희를 자유롭게 하리라… 36 그러므로 아들이 너희를 자유롭게 하면 너희가 참으로 자유로우리라

나) 실천

고전 9:19 내가 모든 사람에게서 자유로우나 스스로 모든 사람에게 종이 된 것은 더 많은 사람을 얻고자 함이라

벧전 2:11-25 13-14, 16-18

* 내가 순종하고 세워야 할 리더는, 공경해야 할 어른은? 구체적으로 어떻게 행할 것인가?

(2) 관계(Relationship)

우리는 먼저 부정적 욕구에 따른 관계 패러다임을 이해할 필요가 있다.

부정적 욕구에 근거한 관계 패러다임

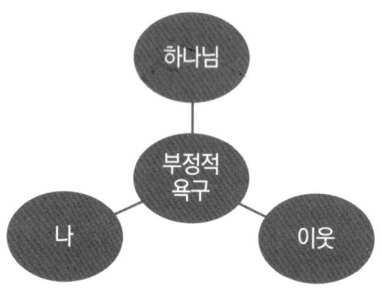

먼저 하나님과의 관계에서 자신의 욕구를 위해 살면, 하나님이 그렇게 자주 필요하지 않다. 단지 자신의 욕구가 채워지지 않아 힘들 때, 그때 우리는 하나님을 찾는다. 하나님은 우리의 왕이나 주인이 아니라 도움자helper일 뿐이다. 그렇기에 우리는 하나님께 도움자helper에게 대하듯 하는 태도를 취한다.

나와의 관계에서 욕구가 이루어지면 마음이 평안하고 자기 자존감이 높아진다. 그렇기에 욕구를 성취하기 위해 끊임없이 노력한다. 욕구의 결과로 자기가 누구인지 자기 정체성을 정립한다. 욕구가 성취되지 않으면 낮은 자존감과 불안, 그리고 두려움에 시달린다.

이웃과의 관계에서 타인을 자신의 욕구를 채우기 위한 대상이나, 도구로 이용한다. 자신의 욕구가 타인과 부딪혀서 갈등이 생기면 그 사람을 적으로 여긴다.

예수 그리스도에 근거한 변화된 관계 패러다임

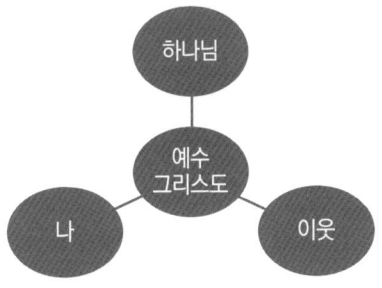

가. 삭개오

가) 과거

삭개오는 예수님 만나기 전에는 부를 통해 자기 정체성을 찾으려했다.자기 자신 그리고 부자가 되기 위해 이웃을 착취하며 관계를 깨뜨렸고이웃, 하나님의 법토색하지 말라, 정해진 관세만 받음을 어겼다.하나님

나) 현재

삭개오는 예수님을 만난 후에 과거의 죄를 회개한다.하나님 그리고 예수님을 자기 집으로 초대고 기쁨으로 잔치를 벌인다.자기 자신 그는 큰 잔치를 벌이고, 재산 절반을 나눠주고 토색한 것 4배로 갚는다.이웃

나. 수가성 여인

가) 과거

우물가의 여인은 남자들과의 관계를 통해 자기 정체성을 찾으려했다.자기 자신 그녀는 율법을 어겨 가면서 잘못된 결혼 생활을 하였다.하나님 그 결과 이웃들에게 따돌림을 당하고, 이웃과의 교제가 힘들었다.이웃

나) 현재

그녀는 우물가에서 예수님을 자신의 구주로 받아들인다.하나님 그리고 물동이를 버려두고 동네로 들어가 자신이 만난 사람이 그리스도라 외치며 기쁨이 충만하였다.자기 자신 그녀는 마을 사람들에게 예수님을 소개하며 전도한다.이웃

다. 탕자

가) 과거

탕자는 둘째로 완벽한 형 밑에서 불만이 많았으며, 자신을 자유롭지 못하고 억압받는 존재로 인식하였다.자기 자신 그는 상속에 관련된 하나님 방식을 따르지 않았고, 부모 공경과 관련된 하나님 법도 순종하지 않았다. 그는 방탕한 삶을 살았다.하나님 그는 아버지에게 유산을 요구하는 무례한 행동을 하였다.이웃

나) 현재

탕자는 자신의 잘못을 회개한다.하나님 그는 자신의 정체성을 독립이 아니라 아버지의 아들에서 찾는다. 그는 이제 아들이 아니라 종으로 살기를 원한다.자기 자신 고향으로 돌아와 아버지와의 관계를 회복한다.이웃

우리는 부정적 욕구와 관련된 관계 패러다임하나님, 나, 이웃을 통해 과거의 내 모습을 살펴 볼 수 있다. 하나님, 나, 이웃과의 관계가 어떠했는지, 또 왜 관계가 깨어졌는지 통찰한다. 그리고 관계 패러다임을 보며, 나 자신이 관계에서 변화되어야 할 모습에 대해 묵상하고 그 내용을 구체적으로 기록으로 남긴다. 이런 과정을 통해 우리는 관계라는 기독교 영적 치료 기법을 우리 삶에 적용할 수 있다.

(3) 기도(Prayer)

기도는 성도의 특권이다. 성도는 기도를 통해 하나님과 교제 할 수 있고, 하나님의 뜻을 분별할 수 있으며, 하나님께 필요를 간구할 수 있다. 그러나 부정적 욕구가 강한 성도일수록 기도는 자신의 필요를 얻기 위한 수단으로만 사용한다. 우리는 예수님의 기도 모습을 통해 어떻게 자신의 욕구를 극복할 수 있는지 배울 수 있다.

* **예수님의 기도**   마 26:36-46

가. 예수님의 두려움

예수님은 십자가의 죽음을 앞에 놓고 겟세마네 동산에서 하나님 아버지께 기도한다. 완전한 인간이셨던 예수님은 십자가 형벌의 끔찍한 고통을 잘 아셨다. 예수님의 마음은 두려움으로 인해 괴로웠다. 37절 '고민하고 슬퍼하사', 38절 '…내 마음이 매우 고민하여 죽게 되었으니…'

나. 예수님의 바램

예수님은 처참한 십자가 죽음의 고통을 아셨기에, 기도 가운데 아버지께 이 잔을 내게서 지나가게 해달라고 간구하신다. 이 간구만 본다면, 고난을 피하고 싶은 지극히 한 인간적인 예수님의 바램이었다. 39절 '…내 아버지여 만일 할 만하시거든 이 잔을 내게서 지나가게 하옵소서 그러나 나의 원대로 하지 마옵소서 하고"

다. 기도의 과정

예수님은 동일한 기도의 내용을 가지고 아버지 하나님께 세 번 나아간다. 기도 가운데 예수님은 자신의 원대로 말고, 아버지 하나님 뜻대로 이루어지길 간구하신다. 기도를 통해 예수님은 하나님 아버지의 뜻에 자신을 순종시킨다. 44절 '또 그들을 두시고 나아가 세 번째 같은 말씀으로 기도하신 후', 39절'…아버지의 원대로 하옵소서 하시고', 42절 '…아버지의 원대로 되기를 원하나이다 하니'

여기서 우리는 예수님과 하나님 아버지 사이에 있는 친밀감에 주목할 필요가 있다. 내가 누구와 친밀하다는 뜻 안에는 신뢰가 담겨 있다. 신뢰란 상대방이 나에게 항상 유익을 준다는 믿음이다. 예수님은 하나님 아버지에 대한 신뢰가 있었다. 이 신뢰가 있었기에 예수님은 하나님 아버지의 뜻에 순종하여 죽음까지 선택할 수 있었다.

누가 자신의 욕망을 죽이고 하나님 아버지 뜻에 순종할 수 있는가? 하나님 아버지를 전적으로 신뢰하는 성도이다. 하나님께서 항상 나에게 유익을 주시는 분임을 믿는 성도이다. 우리는 예수님처럼 날마다 하나님께 나아가 기도함으로눅 22:39, 하나님에 대한 신뢰를 키워가야 한다. 하나님은 항상 나의 편이라는 믿음을 키워가야 한다.

라. 기도 후 변화

예수님은 아버지 하나님께 기도한 후 담대히 죽음을 맞이한다.45-46절 이제 더 이상 예수님의 마음에 슬픔이나 괴로움이나 두려움이 없다. 46절 '일어나라 함께 가자 보라 나를 파는 자가 가까이 왔느니라'

마. 적용 및 실습

먼저 자신이 하나님께 바라는 기도 제목들을 작성한다. 자신이 소원하는 모든 제목들을 자세히 적는다. 이 기도 목록들 중에 나의 부정적 욕구로 인해 간구하는 내용이 무엇인지 확인한다. 특별히 기도 제목과 나의 두려움의 상관 관계성을 확인한다. 자신이 기록한 기도 제목을 하나님께 아뢰면서, 이 기도 내용들에 대한 하나님의 뜻이 무엇인지 알기를 간구한다. 예수님처럼 반복해서 지속적으로 하나님께 기도한다. 이렇게 하나님의 뜻을 구하는 기도를 통해, 우리는 부정적 욕구를 극복하는 체험을 경험할 수 있다.

(4) 묵상(Meditation)

묵상默想, Meditation 은 잠잠할 묵默자에, 생각할 상想자로 '잠잠하게 생각한다'라는 의미이다. 부정적 욕구는 우리를 묵상하게 만든다. 자신의 과거에 대해 원망 또는 우울을, 그리고 미래에 대해 불안을 묵상한다.

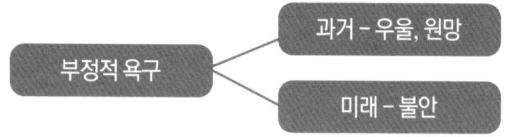

세속적 묵상은 마음 챙김Mindfulness이란 용어로 1970년대 매사추세츠 대학교 의과대학 교수였던 Jon Kabat-Zinn에 의해 본격적으로 세상에 알려졌다. 그는 불교에서 얻은 자신의 경험을 자신의 일에 적용하였다. 그는 묵상을 다음과 같이 정의했다. '의도적으로, 현재 순간에, 판단 없이 주의를 기울임으로써 순간순간 펼쳐지는 경험을 통해 나타나는 인식'.164 세속적 묵상은 부정적 욕구로부터 현재 나의 감각에 집중마음을 비우거나, 무상무념하는 것이다. 이에 반해, 기독교 묵상은 부정적 욕구로부터 예수 그리스도의 인격하나님의 말씀에 집중하는 것이다.

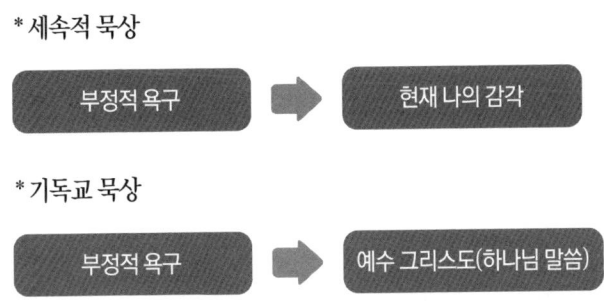

* 세속적 묵상

부정적 욕구 ➡ 현재 나의 감각

* 기독교 묵상

부정적 욕구 ➡ 예수 그리스도(하나님 말씀)

기독교 묵상은 그리스도 중심의 마음 챙김Christ-Centered Mindfulness이다. 기독교 묵상은 이미 3세기 수도원에서 시작되었다. 최근 이것이 다시 재조명되고 있다. '지난 한 세기 동안 교회는 수백 년 동안 실천되어온 기독교 신앙에 기반 한 마음 챙김 기술을 재발견했다'165

Kleinig166는 기독교 오랜 전통으로 이어온 거룩한 독서렉시오 디비나, Lectio Divina에 대해 소개한다. 그 기원은 불분명하나 오리게네스185-254가 '신적 독서에 충실 하라'고 권면한 것을 시작으로 본다. 이후 12세기에 들어 카르투시오회 소속의 수사였던 귀고 2세Guigo II가 렉시오 디비나의 실제를 정립하였다. 렉시오 디비나의 단계는 Lectio읽기, Meditatio명상 - 마음 기울이기, Oratio기도 - 응답하기, Contemplatio

묵상 - 들음, Aactio행동이다.

먼저 렉시오Lectio, 읽기는 성경 본문을 천천히 주의 깊게 읽는다. 이 과정에서 본문의 단어나 구절 중 특별히 마음에 와 닿는 부분에 집중한다. 메디타시오Meditatio, 묵상는 읽은 본문을 깊이 묵상하며 하나님의 말씀에 귀를 기울인다. 본문이 현재 자신의 삶이나 상황에서 무엇을 의미하는지 질문하며, 하나님의 음성에 마음을 열어 집중한다. 하나님이 어떤 메시지를 주시는지 성찰한다. 오라티오Oratio, 기도는 본문을 통해 받은 깨달음이나 감동에 응답하며 하나님께 기도한다. 이 단계에서 하나님과 대화하듯, 감사, 고백, 간구를 나눈다. 콘템플라시오Contemplatio, 묵상 및 관상는 침묵 속에서 하나님의 임재를 느끼며 말씀을 내면화한다. 이 단계는 단순히 하나님 안에서 '머무는 것'을 목표로 하며, 하나님의 뜻과 사랑을 받아들인다. 엑티오Actio, 행동는 묵상 중에 깨달은 내용을 실제로 실천하며 하나님 말씀에 순종한다. 많은 경우, 렉시오 디비나의 결과로 삶의 변화나 행동으로 그리고 황홀감과 친밀함의 경험으로 이어진다.

Kleinig167는 루터의 묵상도 소개한다. 루터는 Oratio기도, Meditatio,말씀에 대한 묵상, TentatioAnfechtung, 시련/유혹의 3단계 묵상을 하였다. 마지막 Tentatio시련/유혹는 기도하고 말씀에 대한 묵상을 하면 영적 공격으로 이어지며, 이것이 우리를 무릎 꿇게 하고 다시 하나님께 돌아가게순환 과정 한다. 예수님도 광야에서 40일 동안 묵상의 시간을 가졌다.마 4:1-11 이 시간에 예수님은 마귀의 시험도 받았지만,

침묵하며 하나님 아버지께 집중하였다.

필자는 부정적 욕구에서 예수 그리스도께 집중할 수 있는 3단계 묵상을 소개하려 한다. 첫 번째 단계는 거룩한 침묵 Sacred Silence이다. 부정적 욕구가 크고 이것이 발동되면, 우리는 다른 사람들에게 말 불만, 두려움, 거짓말, 비방, 중상 모략...을 많이 한다. 우리에게는 거룩한 침묵이 필요하다.

두 번째 단계는 묵상/분별 질문 Discernment Question이다. 이 단계에서 우리는 묵상하며 분별의 질문을 한다. 예를 들면, 자신의 부정적 욕구가 형성되게 한 과거의 사건을 묵상한다. 그때 느꼈던 감정 수치, 두려움, 상처이 무엇인지 분별한다. 과거 내가 겪은 상황 속에서 예수님은 어디에 계셨을까? 이 상황 속에서 예수님이 가까이 계셨다고 느끼는가? 아니면 멀리 계셨다고 느끼는가? 예수님께서 그때 그 상황에 대해 나에게 무엇이라 위로의 말씀을 하실까? 내가 직면한 상황에 대해 성경은 무엇이라 말씀하고 있는가? 성경 구절 묵상. 과거의 그때 나에게 전하고 싶은 나의 위로의 말은 무엇인가?

세 번째 단계는 기도/듣기 Prayer/Listening이다. 묵상과 분별 질문을 통해 얻은 내용을 가지고 하나님께 기도한다. 그리고 기도 가운데 하나님의 메시지를 듣는다.

이런 묵상의 훈련은 과거 자신이 받은 상처의 치유에 유용할 뿐만 아니라 매일의 삶에 적용 가능하다. 매일 내 안에 일어나는 감정과 생각 그리고 사람들과의 관계에 대해 묵상한다. 이때 핵심은 감정과 생각 그리고 관계에 영향을 미치는 나의 부정적 욕구에 대해 성찰하고 말씀과 묵상과 기도를 통해 예수 그리스도께로 다시 집중하는 것이다.

(5) 용서(Forgiveness)

필립 얀시Philip Yancey는 '우리를 모든 동물과 다르게 만드는 것은 생각할 수 있는 능력이 아니라, 회개하고 용서할 수 있는 능력이다'라고 말하였다.168 신학자이며 장로교 목사였던 패트릭 밀러 Patrick Miller는 '자신을 용서한다는 것은 세상에서 선한 일을 할 수 있는 갇힌 에너지를 해방시키는 것이다'라 주장하였다.169

기독교 영적 치료 기법에서 용서는 매우 중요하다. 왜냐하면, 용서야말로 부정적 욕구 극복에 핵심이기 때문이다. 앞서 보았듯이, 많은 경우 부정적 욕구가 형성될 때, 우리는 누군가로부터 상처를 받는다. 또 부정적 욕구의 발동으로 인해 우리는 서로에게 상처를 준다. 누군가를 용서하는 것은 우리 안에 있는 부정적 욕구를 극복하는 출발점이다.

사람들은 상처를 받으면 자기 방식대로 반응을 한다. 아래 표는 상처에 대응하는 다양한 반응을 보여준다. 이 중에 잘못된 극단적인 반응은 수동적 비행Passive Flight과 공격적인 싸움Aggressive Fight이다. 수동적 비행은 상처에 대해 수동적으로 대응하는 것이고, 공격적인 싸움은 말 그대로 상대방을 공격하는 대응이다.170

자살 Suicide	수동적 비행 Passive Flight	도피 반응 Escape Responses	가장(위장)된 평화 Peace -Faking
내버려둠 Flight			
부인(부정) Denial	마 26:39 - 이 잔을…		
간과하다.(모른척) Overlook	적극적인 반응 Assertive	화해 반응 Peacemaking Responses	평화 만들기 Peace - Making
화해 Reconciliation			
협상 Negotiation			
중재(조정)Mediation			
판정(판결) Adjudication			
책임 Accountability			
폭행, 괴롭힘 Assault	공격적인 싸움 Aggressive Fight	공격적인 반응 Aggressive Responses	평화 깨기 Peace - Breaking
소송 Litigation			
살인 Murder	마 26:53 - 12군단 천사…		

우리는 표에 나온 것처럼, 화해의 반응인 적극적인 반응Assertive을 해야 한다. 이렇게 할 때 관계에서 평화가 만들어 질 수 있다. 이제 이런 적극적인 반응을 어떻게 구체적으로 해야 할지 가해자 입장과 피해자 입장에서 살펴보도록 하겠다.

가. 용서 구하기 : 가해자 입장

가) 하나님께[171]

하나님의 용서는 치유적Therapeutic, 사법적Juridical 결과를 가져온다. 먼저 치유적Therapeutic 결과이다. 가해자는 하나님께 자신의 죄를 회개함으로 자신이 죄로 인해 상처받았거나 병들었음을 고백한다. 죄의 고백은 하나님의 형상을 회복시키는 치유의 길로 이끈다. 이는 또한 겸손의 실천으로 회개자가 자신의 영혼 안에서 하나님의 형상을 가로막고 있는 것이 무엇인지 보게 된다.

사법적Juridical 결과에서 죄의 고백은 자신이 법을 어긴 것을 인정하는 것이며, 그것에 책임을 지는 첫 단계이다. 이 고백의 과정을 통해 어떤 모습으로든 정의가 회복되고, 회개자는 자신의 죄에 대한 용서를 받고 하나님과 공동체와 화해를 하게 된다.

나) 사람에게

Sande[172]는 타인에게 용서를 구할 때 어떻게 하는 것이 좋은 고백인지 8A로 소개한다. 첫째, 관련된 모든 사람에게 말하기Address everyone involved이다. 잘못된 행동으로 영향을 받은 모든 관련자에게 사과한다. 둘째, '만약에, 하지만, 아마도'를 피하기Avoid if, but, maybe이다. 고백할 때 조건부 언어예: "만약 내가 상처를 줬다면", "하지만 너도 그랬잖아"를 피해야 한다. 이런 표현은 책임을 회피하거나 진정성을 의심하게 만든다. 셋째, 구체적으로 인정하기Admit specifically이다. 단순히

'미안해'로 말하는 대신, 자신의 잘못을 구체적으로 밝히고 인정해야 한다. 넷째, 상처를 인정하기Acknowledge the hurt이다. 상대방이 느꼈던 고통과 상처를 인정하고 공감한다. 다섯째, 결과를 받아들이기 Accept the consequence이다. 자신의 잘못으로 인한 결과금전적, 감정적, 관계적에 책임을 진다. 여섯째, 불의를 바로잡기Amend the injustice이다. 자신의 잘못으로 인해 발생한 문제를 해결하려는 구체적인 행동잘못된 정보를 수정, 물질적 피해를 보상을 행한다. 일곱째, 행동 바꾸기Alter your behavior이다. 앞으로 같은 잘못을 반복하지 않겠다는 의지를 보이며, 행동의 변화를 약속한다. 여덟째, 용서를 구하기Ask for forgiveness이다. 마지막으로, 상대방에게 용서를 구한 다. 용서는 강요할 수 없지만, 진정성 있는 태도와 고백은 상대방이 용서를 베풀 수 있는 기회를 제공한다.

나. 용서 하기 : 피해자 입장

Andrea Brandt[173]는 용서를 위한 4단계를 소개한다. 첫째, 당신을 화나게 했던 사건에 대해 생각한다. 그 일이 발생했음을 받아들인다. 당신이 그것에 대해 어떻게 느꼈는지, 그리고 그것이 당신을 어떻게 반응하게 했는지를 받아들인다. 용서하기 위해서는 발생했던 일의 현실과 그것이 당신에게 어떤 영향을 미쳤는지 인정해야 한다.

둘째, 그 사건으로 인해 당신이 경험한 성장을 인정한다. 그 일을 통해 당신은 당신 자신이나 당신의 필요와 경계boundary에 대해 무엇을 배웠는지 생각해 본다. 단순히 그 사건을 극복한 것을 넘어서, 당신은 그것을 통해 성장했을 가능성도 있다.

셋째, 이제 상처 준 사람에 대해 생각해 본다. 그 사람도 결함이 있는 존재이다. 모든 인간이 그렇듯이 그 사람은 제한된 신념과 왜곡된 관점부정적 욕구에서 행동했다. 우리 모두가 가끔 그렇게 행동하는 것처럼, 당신이 상처를 받았을 때 그 사람은 어떤 필요를 충족시키려고 그렇게 행동했을 것이다.

넷째, 그 사람에게 당신이 그를 용서했다고 말할지 여부를 결정한다. 직접적으로 용서를 말하지 않기로 결정했다면, 스스로 용서를 실행한다. '나는 당신을 용서한다'라고 큰 소리로 말하고, 필요하면 설명을 덧붙인다.

용서하기로 결정하였다면 다음의 내용을 약속해야 한다. 첫째, 나는 이 일을 내 안에서 계속 곱씹지 않을 것이다. 둘째, 나는 이일을 가해자에게 다시 언급하거나 이를 이용하지 않을 것이다. 셋째, 나는 다른 사람에게 이 일을 이야기하지 않을 것이다. 넷째, 나는 이 일이 우리의 관계를 방해하지 않도록 할 것이다.

다. 예수님의 모범: 눅 23:33-34, 요 21:1-19

* 눅 23:33-34

해골이라 하는 곳에 이르러 거기서 예수를 십자가에 못 박고 두 행악자도 그렇게 하니 하나는 우편에, 하나는 좌편에 있더라, 이에 예수께서 이르시되 아버지 저들을 사하여 주옵소서 자기들이 하는 것을 알지 못함이니이다 하시더라 그들이 그의 옷을 나눠 제비 뽑을새

예수님은 십자가 위에서 자신을 죽이는 모든 이들을 용서해 달라고 하나님 아버지께 간구한다. 예수님은 그들이 무지하여 자신을 죽이고 있음을 알고 계셨다. 우리도 예수님처럼 상처를 주는 이들의 연약함_{무지와 무능력}을 바라보며 그들을 미워하기보다 긍휼의 마음을 가져하겠다.

* 요 21:1-19

예수님은 자신을 배신하고 고향으로 돌아가 물고기를 잡고 있는 제자들을 찾아 가신다. 그리고 그들을 용서하시고 '내 양을 먹이라'는 주님의 사명을 맡기신다. 예수님의 용서의 출발점은 찾아가심이다. 자신을 배반한 제자들을 용서하시기 위해 그들에게 직접 찾아가셨다. 우리도 예수님처럼 내가 먼저 마음을 열고 화해의 행동을 취할 필요가 있다. 내가 부정적 욕구의 원인 제공자인 가해자를 용서함으로, 내 안에서 계속해서 일어나는 부정적 욕구를 차단할 수 있다.

(6) 감사(Gratitude)

감사는 부정적 욕구 극복에 효과적인 치료 방법이다. 감사感謝는 느낄 감感과 사례할 사謝, 말씀 언言, 쏠 사射가 합쳐진 단어이다. 이는 마음에서 고마움을 느끼고, 그 고마움을 사례하는 행위이다. 조나단 에드워즈Jonathan Edwards는 그의 저서에서 하나님에 대한 감사는 진정한 종교의 표지signs라고 한다.[174] 이 때문에 성도의 종교적 영성은 바로 감사로 측정될 수 있다.

성경은 데살로니가전서 5장 16-18절에서 '항상 기뻐하라, 쉬지 말고 기도하라, 범사에 감사하라 이것이 그리스도 예수 안에서 너희를 향하신 하나님의 뜻이니라'고 말씀한다. 왜 하나님은 성도인 우리에게 범사에 감사하라고 명령하셨을까? 왜냐하면 감사에는 하나님의 능력이 있기 때문이다.

하나님께 올려 드리는 감사에는 세 가지 능력이 있다. 첫째, 감사는 자신의 과거를 긍정적으로 평가하도록 이끈다. 우리가 하나님께 감사할 때는 감사의 내용이 있다. 감사의 내용을 가지고 하나님께 감사할 때, 우리는 자신이 살아온 과거의 삶을 가치 있고 보람 있게 느낀다. 반대로 부정적 욕구에 사로잡히면, 아직 채워지지 못한 욕심에 집중하기에 지나온 과거의 삶에 감사가 없다. 감사가 없다는 것은 자신의 삶의 가치와 보람을 느끼지 못함을 증명한다.

둘째, 감사는 현재의 삶에서 기쁨이 충만하도록 이끈다. 감사에는 내용도 있지만 감사의 대상도 있다. 우리는 하나님께 그리고 다른 사람들에게 감사한다. 특히 성도는 하나님의 은혜에 대해 감사한다. 감사 할 때 우리는 나와 함께 하시는 하나님을 의식하고 경험한다. 조나단 에드워즈는 감사는 성도의 삶에서 하나님의 임재코람 데오를 발견하는 가장 정확한 방법 중 하나라고 주장하였다.175 하나님의 임재로 인해 성도는 현재의 삶에서 충만한 기쁨을 누릴 수 있다. 시편 28:7 반면에, 부정적 욕구는 기쁨이 아니라 불만을 가져온다.

셋째, 감사는 미래에 대한 두려움을 제거한다. 우리가 여러 모습고백, 감사의 글, 헌금, 찬송, 간증...으로 감사할 때, 하나님께서 나를 도우셨다는 증거가 된다.여호수아 4장 - 12개 돌 이 증거를 볼 때 마다 우리는 하나님이 어떤 분이신지 기억할 수 있다. 그리고 우리 자신의 미래를 하나님께 맡길 수 있으며, 그로 인해 미래에 대한 두려움이 사라진다.빌 4:6 부정적 욕구는 우리가 미래를 볼 때 불안하고, 걱정하고, 두렵게 만든다. 결국, 감사의 행위는 우리를 부정적 욕구에서 하나님께로 집중하도록 이끈다.

우리가 감사를 구체적으로 실천할 때 다음 세 가지를 깊이 생각 보아야 한다. 첫째, 정말 감사한가?태도 감사에는 감사의 정도많이 고맙고, 적게 고마운와 빈도자주 고맙다는 생각이 들고, 고맙다는 생각이 거의 안남가 있다. 사람마다 감사의 정도와 빈도가 다르다. 대체로 부정적 욕구에 잡혀 사는 사람은 감사의 정도와 빈도가 낮다. 자신의 욕구를 충족하기 위해 하나님과 사람을 이용하기에 급급하기에 감사가 적다. 우리는 정말로 하나님께 감사한지를 살펴보아야 한다.

둘째, 무엇을 감사할 것인가?내용 하나님은 범사에 감사하라고 말씀하셨다. 우리는 심지어 중요하지 않아 보이는 작은 일에도 감사해야 한다. 특별히 나의 부정적 욕구로 인해 생긴 불만족, 염려, 걱정되는 내용을 우리는 의도적으로 감사할 필요가 있다. 감사의 습관을 키우기 위해 감사의 내용들을 자세히 기록하는 것이 좋다.

셋째, 어떻게 감사할 것인가?표현 부정적 욕구가 높은 사람은 항상 불평, 불만, 비난을 표현한다. 우리는 하나님께 기도고백, 시감사의 글, 헌금, 찬송, 간증 등으로 감사의 마음을 표현할 수 있다. 사람들에게는 말, 선물, 동역, 보답애경사 등으로 표현할 수 있다.

(7) 영성 일기(Spiritual Journal)

일기를 쓰는 이유는 우리에게 유익이 있기 때문이다. 소설가 김연수는 '일기를 쓴다는 것은 인생을 두 번 살 수 있는 방법인 것 같다. 과거의 실수를 교정할 수는 없지만, 똑같은 상황은 되풀이되지 않도록 노력하면서 살 수 있다.'176 라고 말하였다. 일기를 쓰는 일은 하루를 복기하면서 지금 이 시간에 과거의 어느 때를 걷게 되는 것이다. 영국의 여성 작가인 버지니아 울프는 '과거가 아름다운 것은 우리가 경험을 하는 순간에 생기는 감정은 잘 감지하지 못하기 때문이다. 그 감정은 시간이 지나면서 확장된다. 그런 이유에서 우리는 현재가 아니라 오직 과거에 대해서만 완성된 감정을 지니게 된다.'177 라고 언급했다. 그러므로 일기지난 과거의 시간을 기록는 같은 시간을 다른 식으로 두 번 경험하는 것이고, 지난 시간에 느꼈던 감정을 현재에 또 다르게 확장시키는 작업이다.

　이외에도 일기의 유익은 수없이 많다. 이곳에서는 영성 일기의 유익을 다루길 원한다. 그 이유는 영성 일기가 기독교 영적 치료 기법들의 종합이기 때문이다. 영성 일기가 우리에게 많은 유익을 주지만 필자는 세 가지만 제시하고 싶다. 첫째, 영성 일기는 하나님과의 관계를 깊게 만든다. 영적 성장의 유익을 위해 일기를 쓰는 것이 그간 잘 알려지지 않다가, 최근에 조금씩 알려지기 시작하였다. 문자적으로 일기란 매일 매일의 기록이다. 그런데 우리 일상 중 어느 하나라도 하나님과 연관되지 않고, 그분의 통치 안에 존재하지 않는 것들은 없다. 하나님과 관련이 없어 보이는 소소한 일상도 하나님과의 만남이며, 일기는 그 동행의 기록이다. 더군다나 묵상을 일기로 쓴다면, 말씀에 깊숙이 뿌리내리고, 그분의 임재에 깊이 머물 수 있을 것이다. 영성 일기와 관련해서 참조할 만한 책은 다음과 같다. 고든 맥도널드의 내면 세계의 질서와 영적 성장, 조나단 에드워드의 데이비드 브레이너 생애와 일기, 유기성의 영성 일기, 조나단 에드워즈의 점검이다.

　둘째, 영성 일기는 내면과 일상 관리에 도움을 준다. 일기는 내 안의 부정적인 감정분노, 슬픔, 걱정...이 차오를 때, 이 모든 것을 넉넉히 받아 주는 친구이다. 내면을 정돈해 주고 상처를 치유하는 최고의 상담자이다. 내가 누구이고 어떤 존재인지를 투명하게 비추어 주는 거울이기도 하다. 당면한 과제와 문제로 씨름하는 것을 써 내려가면서, 새로운 지혜를 얻고 문제를 해결하고 대답을 찾아가게끔 하는 안내자이다. 하루 일과의 우선순위를 세워 주고, 분별하고 조정해 주는 탁월한 플래너이다.

셋째, 영성 일기는 세상을 변화시키는 힘이 있다. 미국 인디언 선교사였던 데이비드 브레이너드의 일기는 감리교의 창시자 존 웨슬리의 삶에 큰 전환점을 마련해줬다. 또 탁월한 청교도 목회자이며 신학자였던 조나단 에드워즈Jonathan Edwards와 위대한 선교사 윌리엄 캐리William Carrey와 헨리 마틴Henry Martyn, 그리고 20세기 선교사 짐 엘리어트Jim Elliot의 마음까지 움직여 복음 전도 사역에 종사하도록 하였다. 일기는 힘이 있다.

영성 일기는 기독교 영적 치료 기법들을 한데 묶어 놓는 종합판이다. 앞서 언급하였던 모든 영적 치료 기법들이 영성 일기 안에 담을 수 있다. 그리스도인이 지속적으로 영성 일기를 쓴다면, 매일 매일 자신의 부정적 욕구를 극복하는 훈련이 될 줄로 필자는 확신한다. 그래서 필자는 성도가 매일 실천할 수 있는 영성 일기의 틀을 만들어 보았다. 이 틀은 특별히 부정적 욕구 극복에 초점이 맞추어졌으며, 기독교 영적 치료 기법을 담고 있다. 영성 일기 틀은 아래와 같다.

1. 오늘 나의 부정적인 욕구로 생긴 결과는 무엇입니까?

   - 감정:

   - 생각:

   - 행동:

2. 예수님은 이것에 대해 무엇이라 말씀하십니까? 묵상

   - 하나님이 주시는 성경 말씀:

   - 관계 하나님, 나, 타인:

   - 기도 가운데 주시는 메시지:

   - 용서해야 할 사람 내용:

   - 감사의 제목:

부록 / 욕구 설문지

*본인에게 해당하는 내용에 "O" 표 하세요.

번호	내용	전혀 그렇지 않다	그렇지 않다	보통이다	그렇다	매우 그렇다
1	돈이나 물건을 절약한다	1	2	3	4	5
2	나는 사랑과 친근감을 많이 필요로 한다	1	2	3	4	5
3	내가 하는 일에 대해 사람들로부터 인정받고 싶다	1	2	3	4	5
4	사람들이 내게 어떻게 하라고 지시하는 것이 싫다	1	2	3	4	5
5	계획을 짜야 마음이 편안하다	1	2	3	4	5
6	모임이나 행사 후 설거지 등 뒷정리를 자발적으로 한다	1	2	3	4	5
7	조언을 잘 하는 편이다	1	2	3	4	5
8	나를 구속하려는 느낌이 들면 거리를 두게 된다	1	2	3	4	5
9	균형 잡힌 식생활을 하려고 노력한다	1	2	3	4	5
10	다른 사람을 위한 일에 기꺼이 시간을 낸다	1	2	3	4	5
11	일을 시키는 것이 어렵지 않다	1	2	3	4	5
12	아무리 옳은 말이어도 반복해서 말하지 않는다	1	2	3	4	5
13	꼼꼼하고 세심한 편이다	1	2	3	4	5
14	어색한 상황이면 말을 먼저 하는 편이다	1	2	3	4	5

15	옳다고 생각되면 강하게 주장하는 편이다	1	2	3	4	5
16	정해진 규칙을 반드시 지켜야 한다고 생각하지는 않는다	1	2	3	4	5
17	청소나 정리가 되어야 마음이 편하다	1	2	3	4	5
18	사람들과 함께 있는 것을 좋아한다	1	2	3	4	5
19	승부의 상황일 때는 이기고 싶다	1	2	3	4	5
20	혼자만의 시간(공간)이 꼭 필요하다	1	2	3	4	5
21	상식이나 규범에서 벗어나지 않으려고 한다	1	2	3	4	5
22	아는 사람과는 가깝고 친밀하게 지내는 편이다	1	2	3	4	5
23	잘못된 일에 대해서는 내 생각을 표현하는 편이다.	1	2	3	4	5
24	누가 뭐라고 해도 내 방식대로 살고 싶다	1	2	3	4	5
25	안정된 미래를 위해 저축하거나 투자한다	1	2	3	4	5
26	내가 속한 모임에 새로운 사람이 오면 적응을 잘 하도록 돕고 싶다	1	2	3	4	5
27	내 분야에서 탁월한 사람이 되고 싶다	1	2	3	4	5
28	친한 사람이어도 연락을 자주 하지는 않는 편이다	1	2	3	4	5
29	모험은 될 수 있는 한 피하고 싶다	1	2	3	4	5
30	사랑하는 사이에는 비밀이 없어야 한다고 생각한다	1	2	3	4	5
31	내가 있는 곳에서 리더 역할을 한다	1	2	3	4	5
32	뭔가를 끝까지 하기가 어렵다	1	2	3	4	5

33	외모를 단정하게 가꾸는데 관심이 있다	1	2	3	4	5
34	좋은 것이 있으면 나눠주고 싶다	1	2	3	4	5
35	내가 속한 집단이 내가 생각하는 방향으로 바뀌기 원한다	1	2	3	4	5
36	큰 문제가 생기지 않는 한 자유를 허용한다	1	2	3	4	5
37	잘 쓰지 않은 물건이라도 쓸 일이 있을 것 같아서 버리지 않고 보관한다	1	2	3	4	5
38	힘든 사람을 보면 도와주고 싶다	1	2	3	4	5
39	내 성취와 재능이 자랑스럽다	1	2	3	4	5
40	새로운 방식으로 일하거나 생각해 보는 것이 즐겁다	1	2	3	4	5

미주

1　Anthony A. Hoekema, 『개혁주의 인간론』, 이용중 역(서울: 부흥과 개혁사, 2012), 163.
2　Ibid., 238.
3　William H. Goold, 『존 오웬의 전집 01, 신자 안에 내재하는 죄』, 김귀택 역(서울: 부흥과 개혁사, 2009), 22-3.
4　대한기독교서회, 『성서 헬라어 사전』, 박창환 역,(서울, 1965), 170.
5　John. Nolland, 『누가복음(하)』, 『WBC 성경주석』, 김경진 역(서울: 솔로몬, 2005), 339.
6　Darrell L. Bock, 『누가복음 2』, 『BECNT 성경주석』, 신지철 역(서울: 부흥과 개혁사, 2017), 1117-8
7　I Howard. Marshall, 『누가복음 2』, 『국제성서주석』, 강요섭 역(서울: 한국신학연구소, 1996), 583.
8　Gerald F. Hawthorne, 『빌립보서』, 『WBC 성경주석』, 채천석 역(서울: 솔로몬, 1999), 138.
9　Peter T. O'Brien, *The Epistle to the Philippians, NIGTC.* (Grand Rapids, Mich: William B. Eerdmans, 1991), 129.
10　Gary S. Shogren, 『강해로 푸는 데살로니가전. 후서』, 『존더반 신약주석』, 한화룡 역(서울: 디모데, 2019), 141.
11　Nicholas T. Wright, 『모든 사람을 위한 갈라디아서, 데살로니가전후서』, 이철민 역(서울: 한국기독교학생회출판부, 2012), 155.
12　John. Stott, 『에베소서 강해』, 『BST 시리즈』, 정옥배 역(서울: IVP, 2007), 91-2.
13　Andrew T. Lincoln, 『에베소서』, 『WBC 성경주석』, 배용덕 역(서울: 솔로몬, 2006), 290-1.

14 Ralph P. Martin, 『야고보서』, 『WBC 성경주석』, 홍찬혁 역(서울: 솔로몬, 2001), 195.
15 Craig L. Blomberg & Mariam J. Kamell, 『강해로 푸는 야고보서』, 『존더반 신약주석』, 정옥배 역(서울: 디모데, 2014), 76.
16 Stephen S. Smalley, 『요한 1,2,3서』, 『WBC 성경주석』, 조호진 역(서울: 솔로몬, 2005), 173.
17 Moody. Smith, 『요한 1,2,3서』, 『현대성서주석』, 유승원 역(서울: 한국장로교출판사, 2001), 100-1.
18 Edmund P. Clowney, 『베드로전서 강해』, 『BST 시리즈』, 정옥배 역(서울: IVP, 2008), 83.
19 Pheme. Perkins, 『베드로전. 후서, 야고보서, 유다서』, 『현대성서주석』, 박종기 역(서울: 한국장로교출판사, 2004), 78.
20 Warren W. Wiersbe, 『베드로전서 강해』, 남정우 역(서울: 나침반, 2004), 44.
21 Ramsey. Michaels, 『베드로전서』, 『WBC 성경주석』, 박문재 역(서울: 솔로몬, 2006), 193-4.
22 Ibid., 197.
23 Edmund P. Clowney, 『베드로전서 강해』, 『BST 시리즈』, 85.
24 Alister E. McGrath, 『신학이란 무엇인가?』, 김기철 역(서울: 복 있는 사람, 2014), 853.
25 Richard. Stothert & Albert H. Newman, *Newman in Nicene and Post-Nicene Fathers, Series I, Volume 4*. (Grand Rapids, MI: WM.B. Eerdmans Publishing Company, 1974), 103.
26 Augustine, *Confession and Enchiridion*, trans. Albert C. Outler(Grand Rapids: Christian Classics Ethereal Library Dallas, 1955), 33.
27 Richard. Stothert & Albert H. Newman, *Newman in Nicene and Post-Nicene Fathers, Series I, Volume 5*. (Grand Rapids, MI: WM.B. Eerdmans Publishing Company, 1974), 125.
28 Alister E. McGrath, 『신학이란 무엇인가?』, 856.
29 Ibid., 119.
30 Peter. Brown, *The body and Society*. (New York: Columbia University Press, 1988), 405.
31 Augustine, *Confession and Enchiridion*, 40.

32 Ibid., 74.
33 Augustine, *The City of God*, trans. Dods. Marcus in Nicene and Post-Nicene Fathers of the Christian Church Vol.2, ed. Schaff. Philip(NY: The Christian Literatur Publishing Co., 1890; Grand Rapids: Christian Classics Ethereal Library), 380.
34 Alister E. McGrath, 『신학이란 무엇인가?』, 851.
35 Alister E. McGrath, 『신학이란 무엇인가?』, 853.
36 이은선, "어거스틴의 영성과 성화," 『성경과 신학』, Vol. 23(1998): 408.
37 Augustine, *The City of God*, 710.
38 이은선, "어거스틴의 영성과 성화," 『성경과 신학』, 411.
39 John. Calvin, 『기독교 강요(중)』, 김종흡 외 3인역(서울: 생명의 말씀사, 2014), 93.
40 John. Calvin, 『기독교 강요(상)』, 김종흡 외 3인역(서울: 생명의 말씀사, 2014), 399-400.
41 이오갑, "칼빈의 욕망론," 『성경과 신학』, Vol. 46(2008): 244.
42 John. Calvin, 『기독교 강요(중)』, 87-9.
43 John. Calvin, 『기독교 강요(상)』, 375-6.
44 John. Calvin, 『기독교 강요(하)』, 김종흡 외 3인역(서울: 생명의 말씀사, 2014), 380-1.
45 장해경, "칼빈의 죄 죽임의 교리에 관한 주석적 고찰," 『신약연구』, Vol. 8/2(2009): 265.
46 John. Calvin, 『기독교 강요(중)』, 81-2.
47 Ibid., 96.
48 장해경, "칼빈의 죄 죽임의 교리에 관한 주석적 고찰," 『신약연구』, 267.
49 Randall C, Gleason. "John Calvin and John Owen: A Comparison of Their Teaching on Mortificaion."(Th. D. thesis, Dallas Theological Seminary, 1992), 104.
50 John. Calvin, 『로마서, 빌립보서』, 『존칼빈 성경주석 7』, 존칼빈성경주석출판위원회 역(서울: 성서교재간행회, 1992), 210-1.
51 오창록, "죄죽임 교리와 신자의 삶에 대한 칼빈의 이해," 『광신논단』, Vol. 23(2013): 66-7.
52 장해경, "칼빈의 죄 죽임의 교리에 관한 주석적 고찰," 『신약연구』, 269-70.
53 오창록, "죄죽임 교리와 신자의 삶에 대한 칼빈의 이해," 『광신논단』, 70-1.
54 Lucien J. Richard, *The Spirituality of John Calvin*. (Atlanta: John Knox Press, 1974), 126.
55 James I. Packer, *A Quest for Godliness: The Puritian Vision of the Christian Life*.

(Wheaton, IL: Crossway Books, 1990), 201.

56 John. Owen, 『개혁주의 성령론』, 이근수 역(서울: 여수룬, 1988), 383.

57 John. Owen, *The Works of John Owen*, Edited by William H. Goold. (London: Banner of Truth Trust, 1965-1968), Volume 2, 422.

58 John. Owen, *The Works of John Owen*, Edited by William H. Goold. (London: Banner of Truth Trust, 1965-1968), Volume 6, 182.

59 John. Owen, *The Works of John Owen*, Edited by William H. Goold. (London: Banner of Truth Trust, 1965-1968), Volume 7, 509.

60 John. Owen, *The Works of John Owen*, Volume 6, 22.

61 John. Owen, *The Works of John Owen*, Edited by William H. Goold. (London: Banner of Truth Trust, 1965-1968), Volume 3, 475.

62 John. Owen, *The Works of John Owen*, Volume 6, 11-25.

63 송삼용, 『영성의 거장을 만나다』(서울: 넥서스CROSS, 2009), 111-2.

64 John. Owen, *The Works of John Owen*, Volume 6, 33-40.

65 William H. Goold, 『신자 안에 내재하는 죄』, 56.

66 Ibid., 158-159.

67 John. Owen, *The Works of John Owen*, Volume 3, 539-41.

68 John. Owen, *The Works of John Owen*, Volume 6, 9-11.

69 John. Owen, 『죄 죽이기』, 서문강 역(서울: SFC 출판사, 2004), 20.

70 John. Owen, *The Works of John Owen*, Volume 3, 540.

71 John. Owen, 『죄 죽이기』, 109.

72 John. Owen, *The Works of John Owen*, Volume 6, 8.

73 John. Owen, 『죄 죽이기』, 38.

74 Ibid., 54.

75 Ibid., 9.

76 윤종훈, "존 오웬의 죄 죽임론(죄 억제론)에 나타난 성화론의 은혜와 의무의 상관관계에 대한 개혁주의적 이해", 『역사신학 논총』, Vol. 7(2004): 15-22.

77 John. Owen, *The Works of John Owen*, Volume 3, 554.

78 Ira J. Hesselink, *On Being Reformed: Distinctive Characteristics & Common Misunderstandings*. (New York: Reformed Church Press, 1988), 34-5.

79 Ibid., 37-8.
80 Gerrit C. Berkouwer, *Geloof en Volharding, Translated by Robert D. Knudsen. Faith and Perseverance.* (Grand Rapids: W. B. Eerdmans, 1958), 156-62.
81 Gerrit C. Berkouwer, *Geloof en Heiliging, Translated by John Vriend. Faith and Sanctification.* (Grand Rapids: W. B. Eerdmans, 1952), 56-8.
82 Gerrit C. Berkouwer, *Geloof en Heiliging*, 23-5.
83 Gerrit C. Berkouwer, *Conflict met Rome, Translated by David H. Freeman. The Conflict with Rome.* (Philadelphia: The Presbyterian and Reformed, 1957), 144.
84 Gerrit C. Berkouwer, *Geloof en Heiliging*, 78.
85 Gerrit C. Berkouwer, *Geloof en Heiliging*, 93.
86 Ibid., 119.
87 Ibid., 139.
88 Gerrit C. Berkouwer, *Geloof en Heiliging*, 147-60.
89 Gerrit C. Berkouwer, *De Zonde I, II, Translated by Philip C. Holtrop. SIN.* (Grand Rapids: W. B. Eerdmans, 1971), 264-5.
90 Gerrit C. Berkouwer, *Geloof en Heiliging*,112.
91 John. Calvin, 『기독교 강요(중)』, 410-1.
92 Gerrit C. Berkouwer, *Geloof en Volharding*, 136-9.
93 Ibid., 152.
94 Gerrit C. Berkouwer, *Geloof en Heiliging*, 65.
95 William H. Goold, 『존 오웬의 전집 01, 신자 안에 내재하는 죄』, 24.
96 Abraham H. Maslow, *Motivation and Personality.* (New York: Harper and Row,1970), 35-47.
97 Abraham H. Maslow, *Motivation and Personality*, 35-8.
98 Ibid., 39-43.
99 Abraham H. Maslow, *Motivation and Personality*, 43-5.
100 Ibid., 45-6.
101 Ibid., 46-7.
102 Mark E. Koltko-Rivera, "Rediscovering the Later Version of Maslow's Hierarchy of Needs: Self-Transcendence and the New Highest Level of Needs", 『Review of Gen-

eral Psychology』, Vol. 10/4(2006): 305.
103 David C. *McClelland, The achievement motive*. (New York: Appleton-Century-Croft, 1953), 32-4.
104 김귀현, "성취 욕구에 관한 이론적 고찰", 『인사관리연구』, Vol. 20/2(1997): 217.
105 정갑두. "개인 욕구와 자아존중감이 직무스트레스에 미치는 영향", 『한국조직학회보』, Vol. 6/1(2009): 169-70.
106 Jennifer M. George & Gareth R. Jones, *Organizational Behavior*. (NJ: Prentice Hall, 2002), 56-8.
107 권석만, 『현대 심리 치료와 상담 이론』,(서울: 학지사, 2024), 379.
108 권석만, 『현대 심리 치료와 상담 이론』, 386-7.
109 Gerald. Corey, *Theory and Practice of Counseling & Psychotherapy*. (CA: Thomson Learning, Inc, 2005), 317.
110 Walter. Brueggemann, 『창세기』, 『현대성서주석』, 강성열 역(서울: 한국장로교출판사, 2000), 334.
111 Bruce K. Waltke & Cathi J. Fredricks, 『창세기 주석』, 김경열 역(서울: 새물결 플러스, 2018), 651.
112 Gordon J. Wenham, 『창세기』, 『WBC』, 윤상문, 황수철 역(서울: 솔로몬, 2001), 461-4.
113 Victor P. Hamilton, 『창세기 Ⅱ』, 『NICOT』, 임요한 역(서울: 부흥과 개혁사, 2018), 397-402.
114 Victor P. Hamilton, 『창세기 Ⅱ』, 『NICOT』, 332-4.
115 Karen. Armstrong, *In the Beginning: A New Interpretation of Genesis*. (New York: Ballantine, 1996), 85.
116 Gordon J. Wenham, 『창세기』, 『WBC』, 447.
117 Ralph W. Klein, 『사무엘상』, 『WBC』, 김경열 역(서울: 솔로몬, 2004), 294.
118 John A. Motyer, 『IVP 성경주석 구약』, 김순영 외 5명 역(서울: 한국기독학생회출판부, 2005), 425.
119 Walter. Brueggemann, *First and Second Samuel: Interpretation: a Bible Commentary for Teaching and Preaching*. (Kentucky: Westminster John Knox Press, 1990), 332-4.

120　Dennis T. Olson, 『민수기』, 『현대성서주석』, 차종순 역(서울: 한국장로교출판사, 2000), 165.
121　Timothy R. Ashley, *The Book of Numbers: The New International Commentary on the Old Testament*. (Grand Rapids, Wm B. Eerdmans Publishing Co, 1993), 303.
122　Timothy R. Ashley, *The Book of Numbers: The New International Commentary on the Old Testament*, 305.
123　John A. Motyer, 『IVP 성경주석 구약』, 254.
124　James R. Edwards, 『누가복음』, 『PNTC주석』, 강대훈 역(서울: 부흥과 개혁사, 2019), 701.
125　Darrell L. Bock, 『누가복음』, 『BECNT주석』, 신지철 역(서울: 부흥과 개혁사, 2017), 828.
126　David E. Garland, 『강해로 푸는 누가복음』, 『존더반 신약주석』, 정옥배 역(서울: 도서출판 디모데, 2018), 829.
127　I Howard. Marshall, 『IVP 성경주석, 신약』, 김재영, 황영철 역(서울: IVP, 2005), 237.
128　James R. Edwards, 『누가복음』, 『PNTC주석』, 701.
129　Craig S. Keener, 『IVP 성경배경주석, 신약』, 정옥배 역(서울: IVP, 1998), 278.
130　Leon. Morris, 『누가복음서』, 『틴델 신약주석 시리즈』, 이정석 역(서울: 기독교 문서 선교회, 1980), 390.
131　I Howard. Marshall, 『누가복음 2』, 『국제성서주석』, 강요섭 역(서울: 한국신학연구소, 1996), 449.
132　David E. Garland, 『강해로 푸는 누가복음』, 『존더반 신약주석』, 831.
133　John. Nolland, 『누가복음 하』, 『WBC 주석』, 김경진 역(서울: 솔로몬, 2005), 106.
134　Frederick F. Bruce, 『요한복음 1』, 서문강 역(서울: 로고스, 2009), 214.
135　Andreas J. Köstenberger, 『요한복음』, 『BECNT 주석』, 신지철, 전광규 역(서울: 부흥과 개혁사, 2017), 216.
136　Edwin A. Blum, 『요한복음』, 『BKC 주석』, 임성빈 역(서울: 두란노, 1989), 59.
137　Donald A. Carson, 『요한복음』, 『PNTC 주석』, 임성빈 역(서울: 솔로몬, 2017), 389.
138　Bruce. Milne, 『요한복음 강해』, 『BST 시리즈』, 정옥배 역(서울: IVP, 1995), 107.
139　Grant R. Osborne, 『강해로 푸는 마태복음』, 『존더반 신약주석』, 김석근 역(서울: 도서출판 디모데, 2005), 95.

140　Richard T. France, 『마태복음』, 『NICNT주석』, 권대영, 황의무 역(서울: 부흥과 개혁사, 2019), 107.
141　Michael. Green, 『마태복음 강해』, 『BST 시리즈』, 김장복 역(서울: IVP, 2005), 84.
142　David. Turner, 『마태복음』, 『BECNT 주석』, 배용덕 역(서울: 부흥과 개혁사, 2013), 119.
143　Michael. Green, 『마태복음 강해』, 『BST 시리즈』, 85.
144　Grant R. Osborne, 『강해로 푸는 마태복음』, 『존더반 신약주석』, 95.
145　Ibid., 109.
146　Donald A. Hagner, 『마태복음』, 『WBC 주석』, 채천석 역(서울: 솔로몬, 1999), 136.
147　Michael. Green, 『마태복음 강해』, 『BST 시리즈』, 김장복 역(서울: IVP, 2005), 89-90.
148　James R. Edwards, 『누가복음』, 『PNTC 주석』, 585.
149　Craig S. Keener, 『IVP 성경배경주석, 신약』, 268.
150　I Howard. Marshall, 『누가복음 2』, 『국제성서주석』, 314.
151　Darrell L. Bock, 『누가복음 2』, 『BECNT주석』, 524-5.
152　Simon J. Kistemaker, 『예수님의 비유』, 김근수, 최갑종 역(서울: 기독교문서선교회, 1986), 235.
153　David E. Garland, 『강해로 푸는 누가복음』, 『존더반 신약주석』, 694.
154　Simon J. Kistemaker, 『예수님의 비유』, 235-6.
155　Siang Y. Tan, Counseling and Psychotherapy: A Christian Perspective. (Grand Rapids, Baker Academic, 2022), 413.
156　Siang Y. Tan, *Counseling and Psychotherapy: A Christian Perspective*, 414-431.
157　Eck. B. E, "And exploration of the therapeutic use of spiritual disciplines in clinical practice. 『*Journal of Psychology and Christianity*』, Vol. 21(2002): 273.
158　Gary. R. Collins, 『크리스찬 카운슬링』, 한국 기독교 상담. 심리치료 학회 역(서울: 두란노, 2008), 214.
159　정정숙, 『기독교 상담학』(서울: 도서출판 베다니, 2002), 28.
160　P. Scott. Richards & Allen E. Bergin, *A Spiritual Strategy for Counseling and Psychotherapy*. (Washington: American Psychological Association, 2005), 13.
161　John. Owen, *The Works of John Owen*, Volume 3, 475.
162　Judy. Cha, *Who You Are: Internalizing the Gospel to Find Your True Identity*. (Grand

Rapids, Zondervan, 2023), 3-11.

163　David. Michie, "Narrative Therapy, Trauma and Growth" C9260, 2024년 6월 4일, Perth Bible College.

164　John Kabat. Zinn, *Wherever You Go, There You Are: Mindfulness Meditation in Everyday Life*. (New York: Hyperion, 1994), 4.

165　Katherine. Thompson, *Christ-Centred Mindfulness: Connection to self and God*. (North Sydney: Acorn Press, 2018), 60.

166　John W. Kleinig, *Grace Upon Grace: Spirituality for Today*. (Missouri: Concordia Publishing House, 2008), 87-150.

167　John W. Kleinig, "Oratio, Meditatio, Tentatio: What Makes a Theologian?" 『Concordia Theological Quarterly』, Vol.66/3(2002): 255-268.

168　Philip. Yancey, *The Scandal of Forgiveness: Grace Put to the Test*. (Nashville: Harper Collins Religious US, 2021), 64.

169　D Patrick. Miller, *A Little Book of Forgiveness: Challenges and Meditations for Anyone With Something to Forgive*. (Napa: Fearless Books, 2004), 63.

170　Ken. Sande. *The Peacemaker: A Biblical Guide to Resolving Personal Conflict*. (Ada: Baker Books, 2004), 22.

171　Elizabeth A. Gassin, "Forgiveness, Ritual, and Sacrament", Olivet Nazarene University, 2013. 14-6.

172　Ken. Sande, *The Peacemaker: A Biblical Guide to Resolving Personal Conflict*, 126.

173　https://www.psychologytoday.com/us/blog/mindful-anger/201409/how-do-you-forgive-even-when-it-feels-impossible-part-1.

174　Jonathan. Edwards, *The Works of President Edwards*, Vol. 3 of 4: In Four Volumes. (London: Forgotten Books, 2019), 9.

175　Jonathan. Edwards, *The Works of President Edwards*, Vol. 3 of 4: In Four Volumes. (London: Forgotten Books, 2019), 11.

176　[중앙일보] https://www.joongang.co.kr/article/23538982.

177　Virginia. Woolf, *The Diary Virginia Woolf*, Volume 3. (New York: Harcourt Brace Jovanovich, 1980), 3.

참고 문헌

1. 단행본 한글 서적

박창환.『성서 헬라어 사전』. 서울: 대한기독교서회, 1965.
권석만.『현대 심리 치료와 상담 이론』. 서울: 학지사, 2024.
정정숙.『기독교 상담학』. 서울: 도서출판 베다니, 2002.
송삼용.『영성의 거장을 만나다』. 서울: 넥서스CROSS, 2009.

2. 단행본 번역 서적

Anthony A, Hoekema.『개혁주의 인간론』. 이용중 역. 서울: 부흥과 개혁사, 2012.

William H, Goold.『존 오웬의 전집 01, 신자 안에 내재하는 죄』. 김귀탁 역. 서울: 부흥과 개혁사, 2009.

Gary S, Shogren.『강해로 푸는 데살로니가전.후서』.『존더반 신약주석』, 한화룡 역. 서울: 디모데, 2019.

Gerald F, Hawthorne.『빌립보서』.『WBC 성경주석』, 채천석 역. 서울: 솔로몬, 1999.

Nicholas T, Wright.『모든 사람을 위한 갈라디아서, 데살로니가전후서』. 이철민 역. 서울: 한국기독교학생회출판부, 2012.

John, Stott.『에베소서 강해』.『BST 시리즈』. 정옥배 역. 서울: IVP, 2007.

Craig L, Blomberg., & Mariam J, Kamell.『강해로 푸는 야고보서』.『존더반 신약주석』, 정옥배 역. 서울: 디모데, 2014.

Ralph P, Martin.『야고보서』.『WBC 성경주석』, 홍찬혁 역. 서울: 솔로몬, 2001.

Stephen S, Smalley.『요한 1,2,3서』.『WBC 성경주석』, 조호진 역. 서울: 솔로몬, 2005.

Moody, Smith.『요한 1,2,3서』.『현대성서주석』, 유승원 역. 서울: 한국장로교출판사, 2001.

Edmund P, Clowney.『베드로전서 강해』.『BST 시리즈』, 정옥배 역. 서울: IVP, 2008.

Pheme, Perkins.『베드로전. 후서, 야고보서, 유다서』.『현대성서주석』, 박종기 역. 서울: 한국장로교출판사, 2004.

Warren W, Wiersbe.『베드로전서 강해』, 남정우 역. 서울: 나침반, 2004.

Ramsey, Michaels.『베드로전서』.『WBC 성경주석』, 박문재 역. 서울: 솔로몬, 2006.

John, Calvin.『기독교 강요(상)』, 김종흡 외 3인역. 서울: 생명의 말씀사, 2014.

John, Calvin.『기독교 강요(중)』. 김종흡 외 3인역. 서울: 생명의 말씀사, 2014.

John, Calvin.『기독교 강요(하)』. 김종흡 외 3인역. 서울: 생명의 말씀사, 2014.

John, Calvin.『로마서, 빌립보서』.『존칼빈 성경주석 7』, 존칼빈성경주석출판 위원회 역. 서울: 성서교재간행회, 1992.

John, Owen.『죄 죽이기』, 서문강 역. 서울: SFC 출판부, 2013.

John, Owen.『개혁주의 성령론』, 이근수 역. 서울: 여수룬, 1988.

Simon J, Kistemaker.『예수님의 비유』, 김근수, 최갑종 역. 서울: 기독교문서선교회, 1986.

Walter, Brueggemann.『창세기』.『현대성서주석』, 강성열 역. 서울: 한국장로교출판사, 2000.

Bruce K, Waltke & Cathi J, Fredricks.『창세기 주석』, 김경열 역. 서울: 새물결 플러스, 2018.

Gordon J, Wenham.『창세기』.『WBC』, 윤상문, 황수철 역. 서울: 솔로몬, 2001.

Victor P, Hamilton.『창세기 Ⅱ』.『NICOT』, 임요한 역. 서울: 부흥과 개혁사, 2018.

Ralph W, Klein.『사무엘상』.『WBC』, 김경열 역. 서울: 솔로몬, 2004.

Grant R, Osborne.『강해로 푸는 마태복음』.『존더반 신약주석』, 김석근 역. 서울: 도서출판 디모데, 2005.

Richard T, France.『마태복음』.『NICNT주석』, 권대영, 황의무 역. 서울: 부흥과 개혁사, 2019.

David, Turner.『마태복음』.『BECNT 주석』, 배용덕 역. 서울: 부흥과 개혁사, 2013.

Donald A, Hagner.『마태복음』.『WBC 주석』, 채천석 역. 서울: 솔로몬, 1999.

Michael, Green.『마태복음 강해』.『BST 시리즈』, 김장복 역. 서울: IVP, 2005.

John, Nolland.『누가복음(하)』.『WBC 성경주석』, 김경진 역. 서울: 솔로몬, 2005.

Darrell L,Bock.『누가복음 2』.『BECNT 성경주석』, 신지철 역. 서울: 부흥과 개혁사, 2017.

I Howard, Marshall.『누가복음 2』.『국제성서주석』, 강요섭 역. 서울: 한국신학연구소, 1996.

James R, Edwards.『누가복음』.『PNTC주석』, 강대훈 역. 서울: 부흥과 개혁사, 2019.

David E, Garland.『강해로 푸는 누가복음』.『존더반 신약주석』, 정옥배 역. 서울: 도서출판 디모데, 2018.

Leon, Morris.『누가복음서』.『틴델 신약주석 시리즈』, 이정석 역. 서울: 기독교 문서 선교회, 1980.

Edwin A, Blum.『요한복음』.『BKC 주석』, 임성빈 역. 서울: 두란노, 1989.

Andreas J, Köstenberger.『요한복음』.『BECNT 주석』, 신지철, 전광규 역. 서울: 부흥과 개혁사, 2017.

Frederick F, Bruce.『요한복음 1』, 서문강 역. 서울: 로고스, 2009.

Donald A, Carson.『요한복음』.『PNTC 주석』, 임성빈 역, 서울: 솔로몬, 2017.

Bruce, Milne.『요한복음 강해』.『BST 시리즈』, 정옥배 역. 서울: IVP, 1995.

I Howard, Marshall.『IVP 성경주석, 신약』, 김재영, 황영철 역. 서울: IVP, 2005.

John A, Motyer.『IVP 성경주석, 구약』, 김순영 외 5명 역. 서울: IVP, 2005.

Craig S, Keener.『IVP 성경배경주석, 신약』, 정옥배 역. 서울: IVP, 1998.

Andrew T, Lincoln.『에베소서』.『WBC 성경주석』, 배용덕 역. 서울: 솔로몬, 2006.

Dennis T, Olson.『민수기』.『현대성서주석』, 차종순 역. 서울: 한국장로교출판사, 2000.

Gary R, Collins.『크리스찬 카운슬링』, 한국 기독교 상담. 심리치료 학회 역. 서울: 두란노, 2008.

Alister E, McGrath.『신학이란 무엇인가?』, 김기철 역. 서울: 복 있는 사람, 2014.

3. 단행본 외국 서적

Peter T, O'Brien. *The Epistle to the Philippians, NIGTC*. Grand Rapids, Mich: William B. Eerdmans, 1991.

Richard, Stothert., & Albert H, Newman, *Nicene and Post-Nicene Fathers, Series I, Volume 4*. Grand Rapids, MI: WM.B. Eerdmans Publishing Company, 1974.

Augustine, *Confession and Enchiridion*, trans. Albert C, Outler. Grand Rapids: Christian Classics Ethereal Library Dallas, 1955.

Peter, Brown. *The body and Society*. New York: Columbia University Press, 1988.

Augustine. *The City of God*, trans. Marcus Dods in Nicene and Post-Nicene Fathers of the Christian Church Vol.2, ed. Philip Schaff(NY: The Christian Literatur Publishing Co., 1890; Grand Rapids: Christian Classics Ethereal Library).

Lucien J, Richard. *The Spirituality of John Calvin*. Atlanta: John Knox Press, 1974.

James I, Packer. *A Quest for Godliness: The Puritian Vision of the Christian Life*. Wheaton, IL: Crossway Books, 1990.

John, Owen. *The Works of John Owen. Volume 2*, Edited by William H. Goold. London: Banner of Truth Trust, 1965-1968.

John, Owen. *The Works of John Owen. Volume 3*, Edited by William H. Goold. London: Banner of Truth Trust, 1965-1968.

John, Owen. *The Works of John Owen. Volume 6*, Edited by William H. Goold. London: Banner of Truth Trust, 1965-1968.

John, Owen. *The Works of John Owen. Volume 7*, Edited by William H. Goold. London: Banner of Truth Trust, 1965-1968.

Ira J, Hesselink. *On Being Reformed: Distinctive Characteristics & Common Misunderstandings*. New York: Reformed Church Press, 1988.

Gerrit C, Berkouwer. *Geloof en Volharding*. Translated by Robert D. Knudsen. *Faith and Perseverance*. Grand Rapids: W. B. Eerdmans, 1958.

Gerrit C, Berkouwer. *Geloof en Heiliging*. Translated by John Vriend. *Faith and Sanctification*. Grand Rapids: W. B. Eerdmans, 1952.

Gerrit C, Berkouwer. *Conflict met Rome*. Translated by David H. Freeman. *The Conflict with Rome*. Philadelphia: The Presbyterian and Reformed, 1957.

Gerrit C, Berkouwer. *De Zonde I, II*. Translated by Philip C. Holtrop. *SIN*. Grand Rapids: W. B. Eerdmans, 1971.

P. Scott, Richards., & Allen. E, Bergin. *A Spiritual Strategy for Counseling and Psychotherapy*. Washington: American Psychological Association, 2005.

Abraham H, Maslow. *Motivation and Personality*. New York: Harper and Row,1970.

David C, McClelland. The achievement motive. New York : Appleton-Century-Croft, 1953.

Jennifer M, George., & Gareth R, Jones. *Organizational Behavior*. NJ: Prentice Hall, 2002.

Gerald, Corey. *Theory and Practice of Counseling & Psychotherapy*. CA: Thomson Learning, Inc, 2005.

Karen, Armstrong. *In the Beginning: A New Interpretation of Genesis*. New York: Ballantine, 1996.

Walter, Brueggemann. *First and Second Samuel: Interpretation: a Bible Commentary for Teaching and Preaching*. Kentucky: Westminster John Knox Press, 1990.

Timothy R, Ashley. *The Book of Numbers: The New International Commentary on the Old Testament*. Grand Rapids: Wm B. Eerdmans Publishing Co, 1993.

Siang Y, Tan. *Counseling and Psychotherapy: A Christian Perspective*. Grand Rapids: Baker Academic, 2022.

John Kabat, Zinn. *Wherever You Go, There You Are: Mindfulness Meditation in Everyday Life*. New York: Hyperion, 1994.

Katherine, Thompson. *Christ-Centred Mindfulness: Connection to self and God*. North Sydney: Acorn Press, 2018.

John W, Kleinig. *Grace Upon Grace: Spirituality for Today*. Missouri: Concordia Publishing House, 2008.

Philip, Yancey. *The Scandal of Forgiveness: Grace Put to the Test*. Nashville: Harper Collins Religious US, 2021.

D Patrick, Miller. *A Little Book of Forgiveness: Challenges and Meditations for Anyone With Something to Forgive*. Napa: Fearless Books, 2004.

Ken, Sande. *The Peacemaker: A Biblical Guide to Resolving Personal Conflict*. Ada: Baker Books, 2004.

Jonathan, Edwards. *The Works of President Edwards, Vol. 3 of 4: In Four Volumes*. London: Forgotten Books, 2019.

Virginia, Woolf. *The Diary Virginia Woolf, Volume 3*. New York: Harcourt Brace Jovanovich, 1980.

Richard, Stothert & Albert H. *Newman. Newman in Nicene and Post-Nicene Fathers, Series I, Volume 5*. Grand Rapids, MI: WM.B. Eerdmans Publishing Company, 1974.

Judy, Cha. *Who You Are: Internalizing the Gospel to Find Your True Identity*. Grand Rapids, Zondervan, 2023.

4. 학위논문

Randall C, Gleason. "John Calvin and John Owen: A Comparison of Their Teaching on Mortificaion." Th. D. thesis. Dallas Theological Seminary, 1992.

Elizabeth A. Gassin, "Forgiveness, Ritual, and Sacrament", Olivet Nazarene University, 2013.

5. 정기 간행물

이은선. "어거스틴의 영성과 성화." 『성경과 신학』, vol. 23(1998): 381-415.

이오갑. "칼빈의 욕망론." 『성경과 신학』, vol. 46(2008): 235-262.

장해경. "칼빈의 죄 죽임의 교리에 관한 주석적 고찰." 『신약연구』, vol. 8/2(2009): 259-287.

오창록. "죄죽임 교리와 신자의 삶에 대한 칼빈의 이해." 『광신논단』, vol. 23(2013): 59-80.

윤종훈. "존 오웬의 죄 죽임론(죄 억제론)에 나타난 성화론의 은혜와 의무의 상관관계에 대한 개혁주의적 이해." 『역사신학 논총』, vol. 7(2004): 15-22.

김귀현. "성취욕구에 관한 이론적 고찰." 『인사관리연구』, vol. 20/2(1997):

215-247.

정갑두. "개인 욕구와 자아존중감이 직무스트레스에 미치는 영향."『한국조직학회보』, vol. 6/1(2009): 163-194.

Mark E, Koltko-Rivera. "Rediscovering the Later Version of Maslow's Hierarchy of Needs: Self-Transcendence and the New Highest Level of Needs."『Review of General Psychology』, vol. 10/4(2006): 302-317.

Eck, B.E. "And exploration of the therapeutic use of spiritual disciplines in clinical practice."『Journal of Psychology and Christianity』, Vol. 21(2002): 266-280.

John W, Kleinig. "Oratio, Meditatio, Tentatio: What Makes a Theologian?"『Concordia Theological Quarterly』, Vol.66/3(2002): 255-268.

6. 기타 자료

David. Michie, "Narrative Therapy, Trauma and Growth" C9260, 2024년 6월 4일, Perth Bible College.

https://www.psychologytoday.com/us/blog/mindful-anger/201409/how-do-you-forgive-even-when-it-feels-impossible-part-1.

[중앙일보] https://www.joongang.co.kr/article/23538982.

Chapter 1. Introduction

God created human beings good, in His own image. At the time of creation, there were no evil thoughts or wicked desires in human beings. However, due to the disobedience of Adam and Eve, sin entered the world. As a result, human nature became corrupted, and people became incapable of performing true good on their own, committing all kinds of sin.[1]

The source of this sin lies within the human heart. The Bible tells us that the root of sin is the heart. The heart is the core of human existence, encompassing one's thoughts, emotions, and will. Since sin resides in this centre of life, the entirety of our lives are inevitably influenced by it. We can see this clearly in the following verses: "The heart is deceitful above all things and beyond cure. Who can understand it?" Jeremiah 17:9, "Above all else, guard your heart, for everything you do flows from it." Proverbs 4:23, "For out of the heart come evil thoughts—murder, adultery, sexual immorality, theft, false testimony, slander." Matthew 15:19[2]

John Owen saw sin as a tendency that operates within the soul of man. In particular, he understood this sinful tendency as a disposition that manifests in the heart. This disposition determines the directions of the heart's operations, which influences the human intellect, emotion, and will. Owen referred to this as 'the frame of the heart'. The frame of the heart can be governed either by a sinful disposition or by a gracious disposition. When governed by a sinful tendency, it becomes a corrupt frame that seeks carnal desires through pride and lust. However, when it is ruled by grace, it becomes a gracious frame that seeks God's joy through love and holy zeal.3

Thus, depending on what governs the human heart, desire ἐπιθυμία either pursues God's joy or human greed. When desire is ruled by sinful tendencies, it ultimately becomes what we call 'sinful desire'. Sinful desires under the dominion of sin greatly influence the life and faith of the believer. Therefore, we must pay close attention to the activity of these inner desires. By examining the operation of these desires, I seek to embark on an 'inner journey for spiritual growth'.

To do so, first, I will examine how the Bible speaks about desire. I will begin by considering the dictionary definition of desire, followed by an analysis of how this word is used both positively and negatively in the Bible. Additionally, I will also consider how the Bible teaches us to deal with those sinful desires that operate within the hearts of believers.

Second, I will explore various theological perspectives on desire. Specifically, I will introduce the theological insights of Augustine, John Calvin, John Owen, and Gerrit Cornelis Berkouwer.

Third, I will present psychological theories of desire from the perspective of modern Christian counselling. These include those formulated by psychologists Abraham Harold Maslow, David McClelland, and William Glasser, in which I identify four core desires commonly emphasized by these theories. I will then connect these categories of core desires with relevant figures from both the Old and

New Testaments.

Lastly, I will discuss Christian spiritual interventions for overcoming sinful desires.

Chapter 2. Biblical Basis

1. Lexical Definition of Desire ἐπιθυμία

In the Bible, the Greek word for desire is ἐπιθυμία. This term encompasses meanings such as desire, longing, and yearning. It can be used in three different ways: positively, negatively, and neutrally.

Positive meanings, such as longing or yearning, appear in Luke 22:15, Philippians 1:23, and 1 Thessalonians 2:17. Negative meanings, such as lust or sinful desire, appear in Romans 7:7–8, James 1:14–15, and 2 Peter 1:4. Neutral meanings, referring to general desires, appear in Mark 4:19 and Revelation 18:14.4

2. Positive Meaning

When ἐπιθυμία is used positively in the Bible, it reveals good and righteous desires. In the New Testament, this usage appears in three verses: Luke 22:15, Philippians 1:23, and 1 Thessalonians 2:17. Let us examine how ἐπιθυμία is used positively in these passages.

1) Luke 22:15

"And he said to them, 'I have eagerly desired to eat this Passover with you before I suffer.'" Luke 22:15, NIV. "καὶ εἶπεν πρὸς αὐτούς· ἐπιθυμίᾳ ἐπεθύμησα τοῦτο τὸ πάσχα φαγεῖν μεθ' ὑμῶν πρὸ τοῦ με παθεῖν"

This is a significant statement made by Jesus during the Last Supper with His disciples. The phrase "I have eagerly desired to eat this Passover with you before I suffer" expresses the deep yearning of Jesus' heart. Before facing suffering on the cross, Jesus earnestly longed to share this final Passover meal with His disciples. The Greek word ἐπιθυμία conveys a deep and heartfelt desire, emphasizing how Jesus longed for this special moment. Jesus fulfilled His strong yearning to celebrate the last Passover with the apostles.5

Jesus uses a Semitic idiom to express the depth of His desire: "επιθυμια επεθυμησ α" which is literally translated as, "I desired with desire." This double use of the word emphasizes the intensity of His longing. It shows that Jesus did not merely want the supper as a passing wish, but had deeply prepared for and wanted this moment, expressing no sadness, but instead resolute joy.6

By stating this desire at the very beginning of the meal, Jesus underscored the significance of this occasion. Here, επιθυμια is used in the dative case, which is often employed to strengthen the associated verb. This again demonstrates just how deeply Jesus desired to share the meal with His disciples.7

In summary, before His crucifixion, Jesus deeply desired to have one last Passover meal with His disciples. The word ἐπιθυμία captures the intensity of Jesus' longing, emanating from His heart.

2) Philippians 1:23

"I am torn between the two: I desire to depart and be with Christ, which is better by far." Philippians 1:23, NIV. "συνέχομαι δὲ ἐκ τῶν δύο, τὴν ἐπιθυμίαν ἔχων εἰς τὸ ἀναλῦσαι καὶ σὺν Χριστῷ εἶναι· πολλῷ γὰρ μᾶλλον κρεῖσσον"

Paul, writing from prison, expresses to the Philippian believers his honest longing to depart from this life and be with Christ. Rather than a morbid desire for death, Paul reveals his desire to be united with Christ. This reflects not escape, but true hope and spiritual longing. Despite enduring suffering and hardship, Paul had come to recognize this as his ultimate desire. His yearning to leave this life is not mere escapism but grounded in a confident faith in Christ's presence. Being with Christ is Paul's supreme desire.8

Paul's preferred choice was to "depart and be with Christ," reflecting Christ as the centre of his faith and life. The word ἐπιθυμία here plays a key role in expressing this longing of Paul. The presence of the definite article 'την' implies that Paul possesses this desire. It is not fleeting, but firmly rooted in him. The use of the present tense verb 'εχων' "having" with ἐπιθυμία shows that this longing is ongoing and active, not momentary or passive.9

As we have seen, ἐπιθυμία here expresses Paul's deep, inner longing to depart the physical body and be united with Christ.

3) 1 Thessalonians 2:17

"But, brothers and sisters, when we were orphaned by being separated from you for a short time in person, not in thought, out of our intense longing we made every effort to see you." 1 Thessalonians 2:17, NIV. "ἡμεῖς δὲ, ἀδελφοί, ἀπορφανι σθέντες ἀφ' ὑμῶν πρὸς καιρὸν ὥρας προσώπῳ, οὐ καρδίᾳ, περισσοτέρως ἐσπουδάσ αμεν τὸ πρόσωπον ὑμῶν ἰδεῖν ἐν πολλῇ ἐπιθυμίᾳ"

Paul expresses his passionate longing to meet the Thessalonians believers again. He had great affection for them and desired to witness their spiritual growth. Not only did Paul and Silas wish to see the believers again, their strong, heartfelt desire laboured for this to happen. To express this intensity, Paul uses the adverb "more eagerly", a powerful verb "we endeavored", and a prepositional phrase "with great desire". These reinforce Paul's deep emotional investment. The term ἐπιθυμία conveys these burning desires to see the Thessalonians face-to-face.10

Paul speaks with the heart of a parent forcibly separated from their children, a feeling filled with pain, longing, and tenderness. Like a mother aching for her baby, Paul aches for reunion with the believers. His entire being is burdened with a fatherly concern for their faith and souls, and this longing is powerfully captured in the word ἐπιθυμία.11

As demonstrated, ἐπιθυμία is used in Scripture to convey deep, intense, and godly desires. It goes beyond mere wish or preference to reflect passionate longing from the depths of the heart. Jesus' desire to eat the Passover meal with His disciples before the cross. Paul's yearning to leave this world and be with Christ. Paul's passionate desire to reunite with the Thessalonians believers. These examples show the positive meaning of ἐπιθυμία as a righteous longing for communion, love, and eternal union with Christ.

3. Negative Meaning

Although ἐπιθυμία can be used in a positive sense, the Bible contains numerous examples where it is used in a negative sense. They refer to greed, covetousness, evil desire, lust of the body, sinful passions, works of the flesh, and other desires of the sinful nature. Among many examples, we will examine three representative passages: Ephesians 2:3, James 1:15, and 1 John 2:16.

1) Ephesians 2:3

"All of us also lived among them at one time, gratifying the cravings of our sinful nature and following its desires and thoughts. Like the rest, we were by nature objects of wrath." Ephesians 2:3, NIV.
"ἐν οἷς καὶ ἡμεῖς πάντες ἀνεστράφημέν ποτ ε ἐν ταῖς ἐπιθυμίαις τῆς σαρκὸς ἡμῶν, ποιοῦντες τὰ θελήματα τῆς σαρκὸς καὶ τῶν διανοιῶν, καὶ ἤμεθα τέκνα φύσει ὀργῆς ὡς καὶ οἱ λοιποί"

Paul's confession here clearly reveals the condition of believers before being born again. He explains that all of us once lived according to the desires of the flesh. The term desire includes both natural bodily desires and sin-tainted cravings. God created the human body with natural desires such as hunger, sleep, and sex, which are essential for survival and well-being. However, when hunger becomes gluttony, sleep turns into laziness, or sexuality becomes lust, natural desires are distorted by sin. Beyond physical appetite, ἐπιθυμία can also refer to distorted mental desires like pride, unhealthy ambition, rejection of truth, malice, and vengeance. In this passage, Paul's use of ἐπιθυμία reflects desires corrupted by sin, indicating humanity's fall and loss of original purpose.12

In this context, the desires of the flesh are sins against God, opposing Him and displeasing Him. The desires of the flesh go beyond physical needs and refer to a state of seeking only their own goals and indulging in carnal lusts. This is a direction completely contrary to the way of life intended by God. Human life is dominated by such fleshly desires, and people are filled with these cravings. As a result, their lives become centred on selfish desires, distancing them from a relationship with God. As sinners, the desires of the flesh govern the entire personality of individuals, and their hearts are thoroughly defiled by sin. Furthermore, these desires corrupt human thoughts, and these corrupted thoughts ultimately govern human behaviour. In this context, ἐπιθυμία, or "desire," refers to the sinful desires of the flesh that rebel against God.13

2) James 1:15

"Then, after desire has conceived, it gives birth to sin; and sin, when it is full-grown, gives birth to death." James 1:15, NIV. "εἶτα ἡ ἐπιθυμία συλλαβοῦσα τίκτει ἁμαρτίαν· ἡ δὲ ἁμαρτία ἀποτελεσθεῖσα ἀποκύει θάνατον"

This verse powerfully describes the spiritual progression that occurs within the human heart. James teaches that temptation arises from one's own evil desire, which eventually gives birth to sin, and sin to death.

ἐπιθυμία is a Greek word that carries dual meanings. It may refer to longing or yearning in a positive sense, but it also includes sinful cravings, greed, and wrongful ambition. In this context, it describes the selfish and self-indulgent tendencies that emerge under temptation. Desire is likened to a fish lured by bait. It is an image of one seeking fleeting pleasures, only to fall into greater destruction. Here, desire acts as a powerful internal force that draws a person toward sin and death.14

James describes the life cycle of sin as desire, sin, and death. Here, desire is portrayed as a seductive figure attempting to lure and deceive us. It is a metaphorical image of a temptress. Desire, driven by the cravings within us, gives birth to sin. This process of desire conceiving sin is likened to the birth of life, and in this sense, ἐπιθυμία carries sexual overtones and serves as a vivid metaphor for sexuality. In this metaphorical framework, desire plays the role of a parent, giving birth to a child called sin. This child then grows up and eventually gives birth to a grandchild named death.15

This verse is a sobering warning about the danger of desire and how it leads to a chain of sin and death. In this case, ἐπιθυμία clearly refers to sinful desire that produces destructive consequences.

3) 1 John 2:16

"For everything in the world—the cravings of sinful man, the lust of his eyes and the boasting of what he has and does—comes not from the Father but from the world." 1 John 2:16, NIV. "ὅτι πᾶν τὸ ἐν τῷ κόσμῳ, ἡ ἐπιθυμία τῆς σαρκὸς καὶ ἡ ἐπιθυμία τῶν ὀφθαλμῶν καὶ ἡ ἀλαζονεία τοῦ βίου, οὐκ ἔστιν ἐκ τοῦ Πατρὸς ἀλλ' ἐκ τοῦ κόσμου ἐστίν"

This verse contains both warning and exhortation for believers. John strongly urges Christians not to love the world, explaining that everything in the world is fundamentally driven by sinful desire.

First, "the lust of the flesh" refers not only to bodily urges but to a deeper orientation of the heart away from God, where pleasure and self-gratification become the dominant pursuit. This represents fallen human nature, alienated from God's will. Second, "the lust of the eyes" refers to the tendency to seek pleasure through visual stimulation. The eyes become the gateway of temptation, inciting greed and discontent through what is seen Matt. 5:28. Here, ἐπιθυμία appears twice, describing both the lust of the flesh and the lust of the eyes.16

In this passage, ἐπιθυμία describes the desires that dominate the world system namely lust, greed, and pride. In other words, these can be categorized as sex, money, and power. They reflect human longings directed at material, psychological, and spiritual control. The key is not simply to repress these longings, but to discern their direction. The believer's desire must be oriented toward God, not the world.17

As these passages show, ἐπιθυμία plays a crucial role in describing sinful human nature and the negative power of distorted desire. This type of desire can represent an active rejection of God's will. Thus, ἐπιθυμία in its negative sense leads people away from God, ultimately damaging one's relationship with Him. It is a force that enslaves the heart, corrupts the mind, and bears the fruit of sin and death.

4. Biblical Teaching

Christians are not called to remain in the negative desires of their sinful nature. Throughout Scripture, believers are taught how to confront and overcome such desires. In this section, we will explore how 1 Peter 1:14–15 instructs believers to deal with these desires.

"As obedient children, do not conform to the evil desires you had when you lived in ignorance. But just as he who called you is holy, so be holy in all you do;"* 1 Peter 1:14-15, NIV.

"ως τεκνα υπακοης μη συσχηματιζομενοι ταις προτερον εν τη αγν οια υμων επιθυμιαις15αλλακατατονκαλεσαντανμαςαγιονκαιαυτ οιαγιοιενπασηαναστροφηγ ενηθητε"

1) 1 Peter 1:14

Peter refers to believers as "obedient children." This expression indicates that believers recognize God as their Father and follow His will. Believers are children who obey the call of the Gospel and pay attention to that calling. Obedience to the Gospel call is not only an obligation but importantly, the essence of the Christian identity and life, showing what kind of life a child of God should live.18

"As obedient children, do not conform to the evil desires

you had when you lived in ignorance"* 1 Peter 1:14, NIV. "ως τεκνα υπακοης μη συσχηματιζομενοι ταις προτ ερον εν τη αγνοια υμων επιθυμιαις"

Believers should not follow their former lives before becoming Christians. Paul mentions ignorance as a characteristic of life before the new birth. Due to a lack of knowledge of God, they did not know what to live for or what was truly important, and in that ignorance, they lived according to their own lusts.19

The term "to conform" means to imitate someone's actions or attitude. In addition to mimicry, this extends to following someone's values or life patterns. Before their conversion, believers imitated the ways of the world. They lived by the world's standards, shaping their lives accordingly. They followed the pleasures of the world and styled themselves according to worldly desires.20

Believers should not conform to the evil desires of the world. The Greek word "συ σχηματιζομενοι" used here, and only in Romans 12:2, is a unique and strong prohibition in this context. It is a command with a serious warning, urging believers to avoid conforming to sinful desires. Peter warns against following these evil desires, which refer not only to sexual lust but also to various selfish desires for wealth, power, and pleasure.21

2) 1 Peter 1:15

Instead of conforming to worldly desires, Peter commands believers to be holy, just as God—the Holy One who called them—is holy. God's own holiness is the standard for believers to follow. By referring to God as "the Holy One, Peter emphasizes that Christians are called to share in His holiness. This calling defines their identity; as Peter later writes, Gentile believers are "a chosen people called by the Holy God 1 Peter 2:9. Because of this identity, believers must reflect God's holiness in their conduct. Peter makes it clear that holiness is not limited to certain moments or settings. It must shape all aspects of daily life. According to Peter, holiness involves doing good 2:12; 3:16, living with purity 3:2, and walking in fear of God 3:2.22

People's hearts are deeply ingrained with the framework of sin. Holiness is to break free from this sinful framework. God, the Holy One, becomes the pattern for our lives. We must imitate the Holy God, and His holiness should be reflected in our lives. Righteous actions naturally flow from His holy nature. God's righteous actions originate from His holy character, and we too must display His holiness in our lives. The holiness of a Christian starts with a change of heart. When our hearts change, righteous actions will also naturally follow in our lives.23

In summary, Peter urges believers to imitate the holy God in overcoming negative desires. When we become holy like God, we can overcome these negative desires. Negative desires manifest in various forms in different areas of our lives. The key to overcoming them is holiness—specifically, imitating the holiness of God.

5. Summary

So far, we have examined the dictionary meaning of desire ἐπιθυμία, how it is used positively and negatively in the Bible, and the biblical basis for overcoming negative desires. The positive uses of desire include Jesus' deep longing to have the Last Supper with His disciples before He was crucified. ἐπιθυμία is used here to express Jesus' intense desire. Paul, while imprisoned, expressed his longing to depart this life and be with Christ, using ἐπιθυμία in Philippians.

Paul also expressed his deep desire to see the faces of the Thessalonians believers again with Silas using ἐπιθυμία.

ἐπιθυμία becomes sinful when natural desires change into negative desires tainted by sin. The Bible describes these negative desires as greed, covetousness, lust, pride, selfish desires, and so on. As we have seen, desire in itself is not bad. However, due to humanity's fallen nature, desire becomes negative and manifests as sin. The Bible teaches e.g., 1 Peter 1:14-15 that believers should not remain in negative desires but must overcome them.

So, what are some practical steps that believers can take to become holy? Before examining this, I would like to delve deeper into the theology of sin with the help of various theologians theological grounds because, as we have seen, negative desires are the fruit of sinful nature resulting from the fall.

Chapter 3. Theological Basis

As we have seen earlier, ἐπιθυμία is a negative desire arising from human sinfulness. In this section, I will examine the theological basis for negative desires and sin through the works of theologians such as Augustine, John Calvin, John Owen, and Gerrit Cornelis Berkouwer.

1. Augustine 354-430 AD
Augustine theologically addressed the sin.

1) Definition of Sin

His concept of sin can be found in 'The City of God', 'Confessions', and other works. Augustine argues that, due to the fall of Adam, all humans are now under the dominion of sin. As a result, human minds are darkened and weakened. Humans, because of sin, are unable to think clearly and, most importantly, are incapable of understanding spiritual truths and concepts.**24**

Moreover, sin weakens the human will. Augustine describes sin as the distortion of the will. It persistently pursues what God's justice forbids, even as it longs to be free from sin's grip.**25**

Thus, sin originates not from God, but from the distorted will of humans. This distorted will fails to pursue God's perfect good and instead continues to seek lower values. The desire to constantly pursue these inferior values, unable to reach God's perfect good, is the motive of sin.26

Augustine saw this distorted will as the root of humanity's ongoing sin, tracing it back to original sin. He defined original sin as the inherited condition from Adam's fall, that leaves humans unable to escape the bondage of sin. This binds the humans' will to mimic the sinful traits of the devil.27

2) Consequences of Sin

The power of sin pollutes human life from birth and dominates it throughout life. Sin is a state that is completely beyond human control. Augustine explains that humans are born with an innate inclination toward sin and are predisposed to sinful actions, resulting in various types of sin.28

Humans are chained to a distorted will. From this distorted will, lust arises, which eventually leads to habit. These habits, when not resisted, turn into action. Humans are therefore bound as slaves to sin.29

Because of original sin, all humans are engulfed by the desires of the flesh and are destined to live under its influence. Humans are born with a flaw in their flesh, making them incapable of escaping sin.30

Because of this original sin, humans now follow the desires of the flesh instead of seeking God's wisdom. As a result, they live according to bodily desires rather than seeking God. This leads to disobedience driven by greed and lust.31

Humans sin motivated by their greed, and do not seek repentance nor submit themselves to God's will. Instead, they wish for God's will to conform with their own desires.32

Because of Adam's sin, all people must battle the desires of the flesh and, in the end, face death as something they cannot escape.33

Thus, Augustine argued that Adam's fall changed human nature, and that all moral flaws including desires like greed and lust come from Adam's sin.34

3) Overcoming Sin

Augustine believed that humans can only overcome sin through complete dependence on God's help, as it is impossible by human will alone. Although Augustine acknowledges free will, he argues that it has been damaged and weakened by sin. However, he maintains that free will has not been completely destroyed or erased. Since free will has been distorted and weakened by sin, humans cannot overcome sin by their own power.35

Thus, humans cannot solve the problem of sin on their own. They must acknowledge their limitations and ignorance and rely entirely on God's grace and help. As inherently sinful beings, humans cannot escape sin through their own efforts, but through the grace of salvation in Jesus Christ, they can overcome it.36

Augustine particularly emphasized that after salvation, humans can be sanctified through the work of the Holy Spirit. He argued that by confessing their sins to God and seeking forgiveness, humans could break the continuous cycle of sin. For example, even if humans commit the same sin daily, the act of praying for forgiveness can halt the ongoing sin. Augustine viewed prayer as a means of grace through which sin's continuity can be broken. The Holy Spirit prompts believers to pray.[37]

Another path for overcoming sin is love. The Holy Spirit bestows the gift of love on believers, enabling them to love both God and their neighbours. Through God's love, believers experience the joy of doing good, the strength to follow God's commandments, and the power to oppose the desires of the flesh.[38]

2. John Calvin 1509-1564

1) Sin and Desire

John Calvin addresses human desires in several of his writings. According to him, human desires were given by God at the creation of mankind. From birth, humans are drawn to certain objects and have an inner drive to desire them. Desire in itself is not something inherently sinful. However, after the fall, when humans became sinners, their desires became corrupted. Calvin argues that due to humanity's fall, every part of the soul was corrupted, and thus human desires also became disordered and excessive.[39]

According to Calvin, the fall of humanity led to the corruption of all aspects of the soul, including reason raison, understanding entendement, and will volonté, making humans desire and act only on what is evil. As a result, humans are unable to do what is good and righteous in God's sight. These evil desires lead humans further into sin and bound them as slaves to sin forever.[40]

Such corrupt desires can manifest as an insatiable ambition for absolute power, obsessive greed for wealth, endless thirst for knowledge, zeal for moral self-perfection, the pursuit of perfect beauty, and an extreme longing for pleasure.41

In his "Institutes of the Christian Religion", Calvin discusses the doctrine of the 'mortification of sin.' In Book 3, Chapter 3, he explains that Christians must die to 'the flesh' and 'the old man,' which he also describes as the 'inborn disposition,' 'common nature,' and 'corruption of original nature.'42

This refers to the "whole man" who has fallen into moral corruption as a result of Adam's sin, where everything in the human being understanding, will, soul, and flesh becomes filled and polluted with lust. 'Totally, humanity is nothing but flesh.'43

2) Overcoming Desire

Since the evil seed remains within humanity, continually provoking and tempting sinful desires, Calvin teaches that putting the flesh to death requires believers to die daily to their sinful nature and its remnants.44

Even in the restored believer, Calvin insists that "sin" and "concupiscence" lust still persist, which is why he references Romans 7 three times in his Institutes 3.3.11; 2.2.27; 4.15.12.45

Calvin maintains that mortification the killing of sin must be accompanied by vivification the making alive to be complete. Vivification means that the believer begins to live for God, while dying to self. This zeal for holy and godly living grows out of the believer's regeneration.46

While Calvin believes that both mortification and vivification are ultimately the work of God, he also emphasizes the believer's responsibility. Believers must actively resist laziness and carelessness in their daily battle against sin, suppressing and submitting their flesh. [47]

In Book 3, Chapters 6-9 of "Institutes", Calvin outlines the practical duties of believers regarding mortification. In Chapter 7, he addresses "self-denial," in Chapter 8, he discusses "bearing the cross," and in Chapter 9, he covers "meditation on the future life."[48]

First, Calvin teaches that "self-denial" is central to the believer's life. The greatest enemy the believer faces is not the devil or the world but themselves. The target of mortification is not the believer's renewed nature, which the Holy Spirit is transforming, but the flesh that remains influenced by sin.[49]

Since concupiscence desire affects the believer's thoughts, will, and emotions, all these aspects must be mortified.[50]

Calvin teaches that the believer must practice self-denial in their relationship with both God and their neighbour. In relation to God, the believer must forsake all personal desires and seek only God's glory and will. In relation to neighbours, the believer should seek the welfare of others rather than their own. Calvin suggests that the best practice of loving neighbours is through charity.[51]

Second, Calvin emphasizes the "bearing of the cross" as a method for killing sin. The believer must bear the cross, which entails humiliation, suffering, adversity, and persecution. By carrying the cross, the believer outwardly becomes more like Christ.[52]

Finally, Calvin advises meditation on the future life. Through contemplating the life to come, the believer can compare this world with the eternal world. In light of the future life, the things of this world are seen as utterly worthless and deserving of contempt. However, the flesh leads us not to despise the world but to love it, and the soul can be tempted to pursue happiness in this world. Therefore, the believer must meditate on the future life to first recognize the vanity of worldly things and be led to forsake them, and secondly, by contemplating the glorious future life, to begin participating in the future glory even in the present.53

Calvin's notion of "contemptus mundi" contempt of the world does not mean separation from the world. The world, in itself, is good. However, the believer should not become a slave to the world. Rather, they should conquer it for God's glory. This conquest is possible only when the desires of the flesh to love the world are put to death.54

3. John Owen 1616-1683

John Owen, a Puritan theologian and pastor, was exceptional in his treatment of the subject of 'mortification of sin.' His work 'Of the Mortification of Sin in Believers' addresses this topic, and in his other work 'Pneumatologia' On the Holy Spirit, he dedicates a chapter to the matter of mortification. The subject of mortification was a common concern among Puritans of the time. Although Owen was not the only Puritan to write on this subject, he was certainly one of the most outstanding in his treatment of it.55

1) Definition of Sin

Owen describes human sin through the analogy of a tree's root original sin and its fruit actual sin. First, Owen defines original sin as the aspect of human nature that is incompatible with God's holiness. Every person is born with this original sin. In contrast, actual sin refers to sins committed against God's law, specifically violations of what God has commanded in the law. Thus, the nature of all sin begins with being out of alignment with God's law.[56]

Owen views the indwelling sin in believers as a form of antagonism toward God in a passive and, in some sense, negative way. He explains it as a form of aversion and privation.[57]

'Indwelling sin generally makes people's hearts feel antagonistic toward God, especially toward the duties of fellowship with Him. As a result, people feel weariness in fulfilling these duties, which is called privation.'[58]

2) Absolute and Relative Dominion of Sin

Owen states that all humans are under the dominion of sin. However, he distinguishes between the absolute dominion of sin and the relative dominion of sin. The absolute dominion of sin is applied to the unregenerate, those who have not been born again. The unregenerate remain under the rule of sin, and Scripture expresses this state as being "under the law" Romans 6:14. Those who are not born again are under the absolute dominion of sin. They are bound by the law of sin and death, born into it, and are slaves to sin, with their hearts and souls subjected to its power. Their thoughts are far from God, their affections are bound by sinful desires, and their will cannot submit to God's will.[59]

In contrast, a believer is, in principle, not under the dominion of sin. They live under the law of grace, freed from the law of sin and death, and live by the law of life and the Spirit. Although a believer is under the rule of grace, the extent of grace in their life is variable. The believer's experience of grace correlates with their diligence in mortifying sin.[60]

Nevertheless, believers are not completely free from sin. While they are freed from the law of sin, sin still resides in them, and they are not fully liberated from it. In contrast, the unregenerate are unable to escape the dominion of sin, no matter how hard they try. However, believers, under the relative dominion of sin, have the power through God's grace to overcome sin.[61]

For the unregenerate, sin's dominion is absolute and legal. But for believers, sin's dominion is relative and unlawful. Therefore, believers must not submit to any dominion of sin but must live under the rule of grace.[62]

3) Indwelling Sin in Believers

The nature of sin lies in the human heart, and sin always operates within the heart. Owen argues that no matter how much one may strive to defeat sin, its power is continually revived within the hearts of the saints, and it can destroy their souls. Therefore, Owen emphasizes the need to prevent sin before it can take root. He first asserts that the duty of mortification applies only to believers.[63]

Owen teaches that although believers have been freed from sin's dominion, they still carry indwelling sin. In other words, while the rule of sin is over, its presence remains in the believer. Non-believers do not need to concern themselves with mortifying sin; rather, they need to experience the end of sin's dominion through repentance.[64]

Owen explains the 'law of sin' in believers through the concept of indwelling sin. Here, the 'law' refers to both the essence and existence of sin. The 'law of sin' in means that an actual power or force exists within believers, driving them toward evil. This law is present from the moment of repentance and conversion.**65**

Even after conversion, sinful forces remain in the believer's mind, affection, and soul, continually seeking to lead them into evil. Sin remains in every area of the believer's being.**66**

Owen notes that these residual sinful forces are called 'indwelling sin', 'evil within us', 'the law in our members', 'concupiscence', 'lust', 'the flesh', 'the body of sin', and 'the old man' in Scripture.**67**

Thus, because sin dwells in the believer, there is a constant battle between the believer and sin. This battle occurs every day, and the outcome is either sin's victory or the believer's victory. Therefore, mortification is a duty that every Christian must engage in.**68**

4) Mortifying Sin

In his treatise 'On the Mortification of Sin in Believers', Owen introduces both active and passive principles for believers in the process of sanctification. The sanctification of believers occurs through the active principle of grace's vivification and the passive principle of mortification of sin.**69**

Owen emphasizes the need for believers to kill the sin that dwells within them. To explain the concept of mortification, he presents two biblical terms. The first is the Greek word 'Νεκρόω' Colossians 3:5, which means to destroy and eliminate the power and energy of the corrupt nature.**70**

However, Owen notes that this does not mean the complete destruction of sin. Rather, it signifies the weakening of sin's power and influence.71

The second term is 'Θανατόω' Romans 8:13, which means to kill or utterly strip away all the power and energy from something, as if taking away its breath.72

Owen argues that Paul's use of this verb in the present tense indicates that mortification is something that must continually happen in the believer's life.73 Thus, Owen concludes that "the mortification of indwelling sin in our flesh is the duty of believers in this world."74

By mortifying sin, believers can avoid falling into sin's destructive pit and prevent grieving the Holy Spirit. Moreover, through mortification, believers can live spiritually full lives, enjoying the power, comfort, strength, and peace that the Holy Spirit provides.75

Owen views sanctification as the process of mortifying sin, understanding it as a gradual work carried out by the cooperative efforts of the Holy Spirit's grace and the believer's own duty. The most fundamental principle that enables believers to mortify sin is the grace of God. Only by God's grace can believers continually strive to defeat sin and do good. Believers must faithfully respond to God's grace, using the means that the Holy Spirit has provided for mortification.76

Owen presents various means given by the Holy Spirit, including participation in God's Word, the ordinances of the church, rules, public worship, fellowship of saints, fasting, preaching, daily prayer and confession, meditation on the end times, Bible study, and careful attention to their souls.77

4. Gerrit Cornelis Berkouwer 1903-1996

1) Characteristics of Sin

Berkouwer was a theologian of the Dutch Reformed Church and served as a professor of theology at the Free University of Amsterdam. Along with Herman Bavinck 1854-1921 and Hendrikus Berkhof 1914-1995, he is one of the well-known Dutch Reformed systematic theologians.[78]

Berkouwer was distinguished not only for his excellent theological knowledge but also for his theological understanding, which views theology as a form of praise, honour, and glory to God.[79]

Regarding sin, Berkouwer points out that while believers are sanctified in Jesus Christ, they still have the terrifying presence of sin and desires within them. He describes the sin within believers not as something abstract or theoretical but as a power that has tremendous destructive force and impact on the life of the believer. Because of this, the lives of believers are full of trials and temptations, which should never be overlooked or underestimated.[80]

2) Sanctification

Berkouwer explains the spiritual battle within believers through Romans 7. He agrees with Augustine and Calvin's view that the person mentioned in Romans 7 is a Christian fighting against sin, and states that this spiritual struggle is unknown to the unbeliever. The sinful tendencies described in Romans 7:14-25 affect the believer, but only those who have received the Holy Spirit can engage in this struggle.[81]

Berkouwer views the process of believers struggling with sin as sanctification. He emphasizes several key points when dealing with sanctification:

First, when speaking of sanctification, it must be emphasized as

God's work to sanctify His people, rather than as the human effort or achievement. That is, the holiness of believers is not the result of moral achievement through human effort or works. He uses Leviticus 20:7-8 to explain that God did not call His people based on their holiness or piety but through His sovereign act of calling them to be His holy people. Therefore, sanctification must be seen as God's work, not something achieved by the work of humans.[82]

Berkouwer also emphasizes the role of the Holy Spirit in sanctification. He criticizes the Catholic practice of penance and asceticism, where sanctification was thought to be achieved through human effort. He argues against the idea that sanctification can be accomplished by human endeavour.[83]

Just as faith is essential for justification, faith is also crucial for sanctification, according to Berkouwer. Believers can only have faith because of the work of the Holy Spirit. The Holy Spirit can guide the believer to turn from human values and focus on God, bringing forth gratitude and love through faith and enabling the believer to walk the path of sanctification.[84]

Thus, Berkouwer asserts that it is impossible to consider sanctification without the Holy Spirit and faith. He describes the faith granted by the Holy Spirit as the 'pivot' that makes everything in the believer's life revolve around God's will.[85]

Without this faith from the Holy Spirit, attempts at holy living can result in the hypocrisy and insincerity seen in the Pharisees.[86]

Berkouwer also highlights that 'imitation of Christ' is important in the sanctification of the believer. To imitate Christ means to walk with the Lord and to follow Him on a unique path. It involves marching according to the Lord's command, submitting to His rule, and continually reorienting oneself toward the Lord with a positive re-direction.[87]

Berkouwer explains that the 'imitation of Christ' is not about striving for a moral ideal, but rather about living a life that continually focuses on Christ through intimate fellowship with Him. Thus, progress in sanctification occurs when one focuses more deeply on Christ and His grace.[88]

3) Methods of Sanctification

As a concrete means for the believer's progressive sanctification, Berkouwer presents repentance, prayer, and the admonition of the Word. First, he views repentance as something real and practical in the life of the believer, and not something that is abstract or mystical. Ongoing repentance is a vital means through which, throughout life, the believer is continually turned away from sin and redirected toward God.[89]

He views repentance, in the context of sanctification, as a process that unfolds gradually through the work of the Holy Spirit.[90]

Berkouwer also emphasizes prayer as a means of sanctification. He agrees with Calvin's assertion that it is only through prayer that the believer receives strength and help in the ongoing spiritual battle.[91]

At the same time, he stresses that the believer must cling to the intercessory prayers of Christ and the Holy Spirit. When the believer looks to Christ's priestly intercession, offered for the believer's weaknesses, dangers, and sinful tendencies, all self-reliance disappears, leaving only dependence on God's mercy.[92]

The believer must also look to the intercession of the Holy Spirit on their behalf John 14:16; Romans 8:26. The Spirit's intercession enables the believer to pray rightly and confidently, transcending their own weakness.[93]

Finally, Berkouwer presents the admonition of the Word as a concrete means of sanctification. Because of the sinful tendencies that remain within the believer, he describes the believer's life as one that walks on 'dangerous ground.' Yet even this journey along dangerous paths is surrounded by God's admonition until the day of Christ's return. Every admonition in the Word is a different urging that flows from God's grace. By obeying God's admonitions, the believer overcomes sinful tendencies in the spiritual battle and grows in sanctification through the fear of the Lord.[94]

5. Summary

In summary, drawing from the theological perspectives discussed above, it is clear that sinfulness still remains within the Christian. Because of this sinful nature, we continue to possess negative desires. Sinfulness and negative desires can be likened to the root sinful nature and the fruit negative desires of a tree.[95]

Theologians argue that sanctification in Christ is not completed in an instant, but is a lifelong process. In other words, sanctification is the process through which the Christian's negative desires are gradually subdued and diminished.

Chapter 4. Modern Christian Counseling Techniques

1. Theory of Needs

Many psychologists have studied human needs. In this section, we will explore human needs through the theories of Abraham Harold Maslow, David McClelland, and William Glasser.

1) Maslow's Hierarchy of Needs

Maslow's hierarchy of needs is a theory that explains human needs in a hierarchical structure. According to this theory, human needs are fulfilled in a specific order. Maslow states that people begin with the most basic physiological needs, and then progressively seek to satisfy higher-level needs: safety needs, social needs also called belongingness and love needs, esteem needs, and finally, self-actualization needs.[96]

The first level, physiological needs, includes basic survival requirements such as food, water, air, sleep, sexual needs, and shelter. Without these needs being met, a person will focus solely on survival, leaving no room for concerns about social relationships or self-actualization.[97]

Once physiological needs are met, safety needs become important, as individuals seek to secure basic safety and stability for survival. Safety needs consist of essential elements that help a person live a stable life, including physical, economic, and social security. If safety needs are not satisfied, a person may suffer from ongoing anxiety and fear, which can negatively affect both mental and physical health.[98]

For example, physical safety refers to protection from external threats such as violence, crime, or accidents. Economic safety involves the desire for financial stability through employment, income, and insurance. Health and well-being are also critical aspects of safety needs, as people want to maintain their health and be protected from illness. Lastly, legal protection and social order are key components of safety needs. In a society where fair legal procedures and social norms are well established, individuals want to feel secure within their communities.

Once safety needs are satisfied, people begin to pursue social needs also known as belongingness and love needs, which emphasize social relationships and a sense of belonging. At this stage, human beings, as inherently social creatures, seek to establish their identity and gain emotional stability through social connections. People desire to experience intimacy through relationships, friendships, family, and love.[99]

First, family is one of the core elements of social needs. Relationships within the family form the foundation for a person's sense of belonging, which in turn fosters identity and emotional stability. Second, friendships are also essential for fulfilling social needs. Communication and interaction with friends enhance emotional well-being and strengthen self-esteem. Third, affection and intimacy represent another important aspect of social needs. Close relationships positively affect mental health and improve the quality of social interactions. Fourth, social networks and communities play a significant role in fulfilling social needs. Finally, a sense of belonging in communities is crucial for individuals to discover their identity and understand their role as members of society.

The next stage that emerges after the fulfillment of social needs is the esteem needs. These include both self-esteem and esteem from others.

Self-esteem refers to a person's positive evaluation and feelings toward themselves. It arises from an awareness of one's own abilities, achievements, and values. Self-esteem is closely linked to the sense of accomplishment one experiences after achieving personal goals.

In comparison, esteem from others is the desire to be recognized and respected by others. This includes social status, successful relationships, and external validation. Esteem from others enhances an individual's self-worth and reinforces the sense that they are making meaningful contributions as members of society.[100]

Finally, there is the self-actualization need, which represents the highest level of Maslow's hierarchy. This is the ultimate desire pursued by individuals who have satisfied all the lower-level needs. The self-actualization need is characterized by a person's drive to fully develop and utilize their abilities and potential. Individuals at this level have a deep understanding of their strengths and weaknesses and strive for continuous personal growth.

To fulfill this need, individuals explore their possibilities and set corresponding goals. The self-actualization need is closely linked to creativity, as people focus on exploring and implementing new ideas or solutions. Additionally, it is strongly connected to achieving personal goals and visions. People identify what they want to accomplish in life and develop plans and actions necessary to reach those goals.[101]

Although Maslow's theory has received various criticisms, particularly the idea that needs must be satisfied strictly in a sequential order, his hierarchy of needs remains a useful framework for understanding the types of desires humans pursue.[102]

2) McClelland's Achievement Motivation Theory

McClelland's Achievement Motivation Theory is one of the key psychological theories that plays an important role in understanding the relationship between human motivation and behaviour. McClelland emphasized that human behaviour cannot be explained merely by stimulus and response; rather, there are specific motivations underlying each action. In other words, human behaviour is inseparable from motivation. People engage in certain behaviours and spend their time based on the motivations that drive them.[103]

McClelland categorized human motivation into three basic needs: achievement, power, and affiliation. These three needs influence individual behaviour in different ways, and each person places varying degrees of importance on them. Among these three, one particular need tends to dominate for each individual, and it is this dominant need that primarily drives their motivation.[104]

The need for achievement reflects a strong desire to set and accomplish challenging goals. People with a high need for achievement are not content with simply completing assigned tasks. They consistently pursue goals they have chosen for themselves and work diligently to achieve meaningful results. They do not value success that comes from chance or luck. Instead, they gain satisfaction from solving problems independently and overcoming challenges to reach their objectives. When setting goals, they prefer those that are challenging and meaningful rather than easily attainable. Furthermore, they attribute success or failure to factors within their control, rather than to external circumstances or other people.

The need for power refers to a strong desire to influence and control others. Individuals with this need seek to increase their influence over others and take on leadership roles in social environments. Their motivation often stems from a desire to assert their presence and significance among others. These individuals are competitive and strive to gain recognition and authority within hierarchical structures. Therefore, they tend to focus more on expanding their influence or reputation rather than on performance outcomes. They often strategize to gain advantages in competitive settings and may adjust relationships with colleagues or take on the role of mediator to achieve the positions they desire.

The need for affiliation is the desire to be loved and recognized by others. People with a strong need for affiliation place great importance on emotional bonds in interpersonal relationships and strive to build relationships based on mutual understanding and support. Those with a high need for affiliation invest considerable effort in building friendships and prefer cooperative situations over competitive ones. They value relationships based on deep mutual understanding and consider emotional connection and cooperation with others to be important.[105]

McClelland's achievement motivation theory is similar to Maslow's hierarchy of needs theory in that both explain behavioural patterns related to self-esteem and self-actualization. Both theories describe the process through which individuals pursue higher levels of needs, but the fundamental difference is in how these needs are formed and developed. Maslow's hierarchy of needs is proposed to be innate and universally present in all humans, while McClelland's achievement motivation theory focuses more on social and environmental factors. McClelland views human motivational behaviour as tendencies learned through experience and social organizational life.[106]

3) Glasser's Choice Theory

Glasser is the founder of Reality Therapy, a psychological therapy based on Choice Theory. He proposes that all human behaviour is a choice aimed at fulfilling one's basic needs. According to him, there are five basic human needs: survival, love & belonging, power, freedom, and fun. Humans develop an inner, ideal world called the "quality world" to satisfy these needs. People compare their real-life experiences with this quality world and strive to achieve it. This effort is reflected in various behaviours, which are represented as total behaviour. Total behaviour consists of four elements: actions, thoughts, emotions, and physiological responses. Humans are a control system that chooses total behaviour to achieve the quality world that fulfills their basic needs.[107]

Glasser argues that these five basic needs are innate and present from birth. First, the survival need is the most basic one, which refers to the essential elements for physical survival such as food, water, air, rest, and safety. Humans instinctively act to satisfy these physiological needs. Second, the need for love and belonging is the desire to connect with others, give and receive love, and belong to a group. This need can be satisfied in relationships with family, friends, lovers, colleagues, pets, and even possessions. Third, the need for power refers to the desire to achieve one's goals, gain recognition, and exert influence over others. This need involves a sense of competence and value, seeking power and influence. The desire for power can conflict with the need for love, creating tension in human relationships. Fourth, the need for freedom is the desire to act independently and freely. It is the essence of wanting to act without restrictions. Fifth, the need for fun is the desire to experience enjoyment and seek new learning experiences. This need can be fulfilled through activities like laughter, jokes, exercise, reading, and hobbies. All humans have these basic needs, though the intensity of these needs varies from person to person.**108**

Glasser asserts that the most important of these needs is the need for love and belonging. Since humans are social beings, giving and receiving love is essential and fundamental. To satisfy the other four needs, the presence of other people is necessary, which makes the acquisition of love and belonging the most important. For example, in order to fulfill the survival need, the support of family or community is required. Similarly, in pursuing power, relationships with peers are vital. For a person to feel freedom and autonomy, a social foundation that supports this freedom is needed. Enjoyment, too, is often hard to find alone, requiring relationships with others. Therefore, if the need for love and belonging is not met, fulfilling the other needs becomes difficult.[109]

Having explored Maslow, McClelland, and Glasser's theories of human needs, we see common elements in their models. Four primary needs shared by these psychologists include survival/safety, love/belonging, power/excellence, and freedom/independence. Now, let us further explore these four needs through figures from the Old Testament.

2. The Four Needs Found in Old Testament Characters

1) Survival/Safety: Jacob

Among the figures in the Old Testament, Jacob exemplifies a strong survival/safety need. This trait is symbolically evident from the moment of his birth, as he grasps his brother's heel, indicating his strong desire for survival/safety. This is particularly evident in Genesis 25:27-34, where Jacob takes advantage of his brother Esau's hunger to buy the birthright from him. He offers Esau bread and lentil stew in exchange for the birthright, demonstrating his use of Esau's need to satisfy his own desires. The birthright, associated with safety, prosperity, and land, is a material blessing.[110]

The birthright confers a double portion of the inheritance Deut. 21:17, and the eldest son always receives twice as much as the other sons. In the case of only two sons, the eldest would receive all the inheritance.[111] Bruce K. Waltke & Cathi J. Fredricks, *Genesis Commentary*, translated by Kim Gyeong-yeol, Seoul: New Wave Plus, 2018, p. 651.

As described, Jacob's act of purchasing the birthright from Esau reveals his strong survival/safety instinct. However, Jacob's desires do not end there. In Genesis 27, he deceives his blind father Isaac to steal the blessing intended for Esau. This event marks the pinnacle of Jacob's survival/safety desires, as he uses any means necessary to obtain what he wants.

Genesis 30:25-43 contains a significant scene in which Jacob negotiates with Laban concerning his wages. Jacob had worked for Laban in exchange for marrying Leah and Rachel. However, now Jacob wants to secure his own share for better safety and the future of his family, to gain his freedom, and to protect his wives and children. Therefore, Jacob seeks to adjust his wages in his negotiations with Laban.

In negotiating his wages with Laban, Jacob decides that the white sheep and black goats would belong to Laban, while the multicolored animals would belong to him. This was Jacob's strategic and clever method to deceive Laban. In the end, Jacob successfully increases his own wealth by producing multicolored sheep and goats from a flock of solid-colored animals through his clever breeding technique.[112]

Jacob continually makes his efforts to increase his wealth through breeding techniques. Ultimately, he grows his wealth and secures a foundation for protecting his wives and children. Throughout his relationship with Laban, he persistently strives to achieve what he desires, fulfilling his needs for survival and safety.

Finally, Jacob's pursuit of this desire is most dramatically shown in his reunion with his brother Esau. Jacob decided to return to his homeland with his family and wealth, but he was also fearful of Esau's revenge. Since Jacob did not know how Esau would treat him, he decided to send messengers to assess Esau's reaction. However, the news brought by the messengers only intensified Jacob's fear and anxiety. They reported that Esau was coming to meet Jacob with an army of 400 men.

This posed a great threat to Jacob, so he devised two strategies to ensure his safety. The first strategy was to divide his family and wealth into two groups. Jacob calculated that if Esau attacked one group, the other group might survive by escaping. This strategy demonstrates how thoroughly Jacob was thinking about survival. The second strategy was to send a gift to Esau. Jacob sent a substantial amount, 550 animals, as a gift to appease Esau's anger. In both of these survival strategies, Jacob demonstrates that he is always protecting himself. Even when dividing his family and wealth into two groups, he stays at the back to minimize risk to himself. Furthermore, when sending the gift, he decides to meet Esau last.[113]

In all these processes, Jacob's deep instinct for survival and safety is clearly demonstrated.

2) Love/Belonging: Leah

Leah suffers deeply as a wife who is not loved by her husband, Jacob. In Genesis 29:31, God shows that He knows Leah's situation and her pain. Leah competes with her sister Rachel, yearning to be loved by her husband, and she wants to prove her worth. This desire is strongly reflected in her having children. When Leah names her children, we can see how much she longs for her husband's affection.

She names her first son Reuben, which means 'The Lord has seen my misery.' This name expresses her pain and hope. By giving this name, she expects that now her husband will pour more love on her Gen 29:32. Her second son is named Simeon, which means 'The Lord has heard that I am not loved.' Leah pleads with God, who hears her prayers and gives her another son Gen 29:33. Leah names her third son Levi, meaning 'Union,' hoping that her husband will now be united with her. This reflects her desire for love and connection in her relationship with her husband.114

However, Leah's wishes sadly do not come true. Despite her hope that she could gain her husband's love through her children, her expectations are continuously met with disappointment. Armstrong describes Leah's pain and longing in the following way: 'But we see the depth of Leah's suffering in the names she gave her children. When Reuben was born, her victory was mixed with grief and a lonely hope... with each pregnancy, she continued to nurture her desire, but it was always in vain.'115

Leah continues to seek various ways to gain her husband's love and expresses her longing. Initially, she hoped to gain love through her children, but realizing that hope was futile, she gave her maidservant Zilpah to Jacob as a wife Gen 30:9. This shows that Leah is willing to make any sacrifice to gain her husband's love. Zilpah bears two sons, and Leah names them Gad Fortune and Asher Happiness.

However, Leah's desires do not stop there. She exchanges the right to sleep with her husband, which was promised to her through her son Reuben's mandrakes, with Rachel Gen 30:14-16. Specifically, in verse 16, when Jacob returns from the fields, Leah greets him with the words, 'Come to me; I have hired you,' which clearly shows how intense Leah's desire for her husband's affection is. Leah continually longs for her husband's love through naming her children, giving her maidservant as a wife, and exchanging mandrakes.[116]

Through all of this, we can see that Leah spends her entire life striving to gain her husband's love.

3) Power/Excellence: King Saul

Among the figures in the Old Testament, King Saul is one who had a strong desire for power. In the Bible, we repeatedly see Saul harbouring hatred toward David and attempting to kill him. However, Saul did not initially envy or hate David. In 1 Samuel 16:14–23, we see that Saul actually loved David at first. At that time, Saul was being tormented by an evil spirit. To address this, Saul's servants recommended David, who was skilled in playing the lyre, because when he played, the evil spirit would depart from the king. Though David's role was merely to drive away the evil spirit, a special bond formed between Saul and David in the process. 1 Samuel 16:21 states: "David came to Saul and entered his service. Saul liked him very much, and David became one of his armor-bearers." This shows that Saul deeply loved the young David.

Furthermore, Saul appointed David as his armor-bearer, a position of great trust. The relationship between Jonathan and his armor-bearer, along with the loyalty shown by Saul's own armor-bearer at the time of his death, highlights the close bond typically shared between a king and his armor-bearer. Saul's affection for David is also evident in another account, where he requested David's father, Jesse, to allow David to serve permanently at the royal court. At that time, such a position carried great significance. This indicated that David was not just a musician but a trusted companion and close associate of the king.[117]

Saul's love for David gradually turned into rivalry and, eventually, hostility. The turning point came after Saul and David returned from a victorious battle against the Philistines. As they returned, women came out to celebrate their victory, dancing and singing with tambourines and lutes 1 Sam. 18:6-9, chanting: "Saul has slain his thousands, and David his tens of thousands."

This song was not intended to demean Saul or elevate David above him. The numbers in the song were symbolic and meant to celebrate the great teamwork and victory of both Saul and David. It was a joyful chant meant to honour Saul's leadership and David's battlefield prowess. It was a song of shared joy for both.[118]

However, for Saul, who had a strong desire for power and excellence, this song triggered jealousy, rivalry, and hostility. What began as a relationship of love and trust took a drastic turn because of Saul's negative desire, and he began to view David as a threat.

Despite this, David was clearly loved by the people of Israel. He was hailed as a war hero and gained widespread popularity. This growing popularity became a serious threat in Saul's eyes, and his hostility toward David grew more and more intense. What especially troubled Saul was the affection his own family had for David. The Bible says that Jonathan, Saul's son, loved David as his own soul 1 Sam. 18:1. They formed a deep bond as comrades and friends, which made Saul's inner conflict even more intense. Saul's daughter Michal also loved David 1 Sam. 18:20. Thus, David was loved by both Saul's family and the people.

Saul's response to David's success, popularity, and the affection he received from others was one of growing hostility. Saul began to view David as a threat to his reputation and a rival to his position.[119]

In this way, the relationship between Saul and David shifted from affection and trust to threat and hostility. Saul's desire for power was provoked by David, who was loved by both his family and the people. As a result, Saul repeatedly attempted to kill David throughout his life. In the end, however, Saul's life ended in tragedy.

4) Freedom/Independence: Korah

Numbers 16 describes how Korah led a rebellion against Moses and Aaron. He was a descendant of Levi, and the rebellion was joined by Dathan and Abiram from the tribe of Reuben, alongside 250 community leaders. Korah was a son of Kohath, the Levite clan responsible for caring for the Ark of the Covenant and the tabernacle Num. 4:4. He was the main instigator of the rebellion.

Korah led the rebellion because he was dissatisfied with his limited status and authority under the leadership of Moses and Aaron. Dathan and Abiram, from the tribe of Reuben, also played a major role in the rebellion. Although Reuben was Israel's firstborn, the tribe lost its leadership status due to past transgressions and had to yield its place of honour to the tribe of Judah in the camp arrangement Num. 2. This loss of status fuelled the resentment of Dathan and Abiram and prompted their involvement in the revolt.[120]

The common complaint shared by these men was centred around Moses' leadership. Though Korah belonged to a Levitical clan, he was likely outraged that his family had been overlooked within the centralized leadership of Moses and Aaron. Korah, Dathan, and Abiram shared the discontent of losing influence and authority within the Israelite community. Their pride grew, and "they rose up against Moses" Num. 16:2. This phrase shows that they were actively challenging Moses' authority.[121]

Korah's rebellion was not merely the result of personal frustration; it was a fundamental challenge to the structure of power and the priesthood within the Israelite community. To oppose Moses' leadership, Korah presented two arguments: First, he cited Exodus 19:6: "You shall be to me a kingdom of priests and a holy nation. These are the words that you shall speak to the people of Israel." From this, Korah argued that the entire Israelite community was holy and that not only Aaron's family should have access to special priestly roles. He used this to challenge Moses and Aaron's exclusive leadership, asserting that all Israelites were equal in their relationship with God.

Second, he referenced Exodus 29:45 where God said, "I will dwell among the people of Israel and will be their God." Korah questioned why Moses and Aaron alone were held in such high regard. Korah didn't seek to abolish the priesthood altogether; rather, he wanted the privileges enjoyed by Aaron's family to be extended to other Levites like himself.[122]

In conclusion, Korah and his fellow rebels expressed a strong desire to reject the leadership of Moses and Aaron. They sought independence and freedom from the authority of Moses and Aaron. "Their complaint was against a hierarchical structure, and they were claiming equal status with Moses and Aaron."[123]

3. Four Desires Revealed by New Testament Figures

1) Survival/Safety: Zacchaeus (Luke 19:1-10)

The story of Zacchaeus appears only in Luke 19:1–10. Because the passage is relatively short consisting of just ten verses, it provides limited details about who Zacchaeus was. Verse 2 simply states, "There was a man named Zacchaeus; he was a chief tax collector and was wealthy." From this brief description, we can infer certain aspects of his character.

First, Luke introduces Zacchaeus as "a man". Normally, when referring to a man, Luke uses the Greek word 'ανθρωπος', which appears over 300 times in the Gospel of Luke. However, here he uses 'ἀνὴρ', a term often used to denote a man without status or nobility. This choice of word hints that Zacchaeus was not well regarded.124

However, the meaning of the name "Zacchaeus" is quite different. The Greek 'Ζακχαίος' is a transliteration of the Hebrew adjective זכי, which means "pure" or "innocent."125

Second, Zacchaeus was a "chief tax collector." At the time, the Romans outsourced the collection of indirect taxes such as tolls, customs, and usage fees through a bidding system. The highest bidder would be granted the contract and had the authority to determine and collect the taxes. Zacchaeus was not a lower-level tax collector but a "chief" tax collector. This particular term appears only in this passage and likely indicates that he was either the sole owner of a tax collection contract or the leader of a group of subcontracted tax collectors.126

Tax collectors were not paid a salary, so they collected as much as they could, giving Rome the agreed amount and keeping the rest for themselves. As long as the Roman authorities received their quota, they did not care if tax collectors overcharged.127

As a result, tax collectors were grouped together with murderers and thieves as objects of hatred in Jewish society.128

Third, Zacchaeus was wealthy. He operated in Jericho, a key border city that had a customs office and was one of the most affluent regions in Judea. Jericho was home to one of Herod's palaces and generated multiple streams of income.[129]

For tax collectors, Jericho was a prime location. It sat along a major trade route linking Jerusalem to the East and was a hub of agricultural production. Given these factors, is not surprising that Zacchaeus, as chief tax collector in Jericho, had become very wealthy.[130]

Especially in Zacchaeus's case, his great wealth as chief tax collector suggests that he had not lived an ethically upright life.[131]

Based on the biblical descriptions above, we can better understand what kind of person Zacchaeus was. He had chosen the profession of a tax collector which was despised and socially marginallised by Jews, as it was viewed as sinful. This choice implies that Zacchaeus was not someone driven by strong need for love or belonging. Instead, he chose a path that would earn him scorn and discrimination, all in exchange for wealth. And he wasn't just any tax collector, he was the *chief* tax collector. This suggests that his dominant desire was likely for survival and security.

This is further confirmed by Zacchaeus's confession after encountering Jesus. He declares, "Look, Lord! Here and now I give half of my possessions to the poor, and if I have cheated anybody out of anything, I will pay back four times the amount" Luke 19:8. His declaration demonstrates the fruit of repentance and a response to the salvation he received Luke 19:9-10.[132]

Zacchaeus makes two promises:

First, he says he will give half of his possessions to the poor. While "half" is less than "all," it still reflects a bold and generous decision to part with a significant portion of his wealth. Second, he says he will repay four times the amount if he has defrauded anyone. This fourfold compensation is not required by any specific law and shows his desire to repay far beyond what was required, as an expression of sincere repentance.133

Zacchaeus was now giving up the wealth he had accumulated over a lifetime, a fortune he had pursued more passionately than anything else, even though he had gained it through a life marked by public contempt and shame.

2) Love/Belonging: The Samaritan Woman (John 4:5-30)

Jesus meets a woman in a town called Sychar in Samaria. From the dialogue between Jesus and the Samaritan woman, we learn that she had multiple husbands: six in total. Why did this woman have so many husbands? What desire within her led her to live with so many different men? To understand this, we must first examine her life through the lens of her relationships.

There are a few perspectives that refrain from from judging her life harshly. For example, Frederick Fyvie Bruce describes her complex marital history as follows:

"We do not know why she had so many husbands. Perhaps each of them divorced her under the provision of Deuteronomy 24:1 due to 'something indecent.' Or perhaps they died. But now she is living with a man to whom she is not lawfully married. Perhaps due to some legal restriction, she is unable to enter into a formal marriage.134

Bruce's view suggests that the Samaritan woman should not be automatically labelled as someone living an immoral life in violation of the Law.

However, the dominant interpretation views her in a more

negative light. Many scholars believe the Samaritan woman lived a morally questionable life, having been married to five men in the past. At that time, even if the marriages were legally valid, the rabbis generally disapproved of a person being married more than three times, even in cases of widowhood. Furthermore, based on the Greek phrasing of "your husband in the text, the man she was currently living with was likely someone else's husband. In this view, she was living in ongoing sexual immorality.[135]

I hold the latter view—that the Samaritan woman lived an immoral life. There are three main reasons for this:

First, as mentioned earlier, she broke the custom of not marrying more than three times by having had five husbands, and the sixth man was not her husband. Second, Jesus suddenly tells her to "go, call your husband and come back in the middle of their conversation. This shift shows that Jesus wanted to address the most fundamental issue in her life which was her immoral relationships, while offering her eternal life.[136]

Third, she was socially isolated due to her abnormal lifestyle. The woman came to draw water around "the sixth hour v.6, which corresponds to noon in today's time. It is clear that she came alone. In those days, women typically came to the well in groups, either in the early morning or evening, to avoid the scorching midday sun. This woman, however, came at noon and by herself. This was likely to avoid others out of shame over her lifestyle.[137]

The Samaritan woman was a person who had long thirsted for love. She was hungry for someone's affection. Yet her deep desire for love and belonging only led to a life of misery. Having been rejected and marginalized all her life, she finally meets Jesus and drinks the living water that satisfies forever.

Through the discussion about her husbands, Jesus addresses the woman's most fundamental issue: her unfulfilled and distorted relationships, rooted in a deep and unhealthy desire for love and belonging. Through this encounter, she comes to a new understanding of herself and her broken relationships.138

3) Power/Excellence: King Herod (Matthew 2:1-18)

In the New Testament, if we were to identify a figure with a strong desire for power, it would undoubtedly be King Herod. Herod's father, Antipater the Idumean, was the head of the Roman-appointed police force. Following in his father's footsteps, Herod was appointed king of Judea by Rome in 73 BC.139

Herod's family did not have a legitimate claim to the royal line, which made him particularly sensitive to those who came from traditional royal bloodlines.140

Herod's desire for power was exceptionally strong. He hated anyone who threatened his position and feared all potential rivals.141

It was to this Herod that the Magi came, announcing the birth of the "King of the Jews Matt. 2:2. Herod, unable to tolerate the existence of another king, especially one bearing the title "King of the Jews," was deeply disturbed. He perceived this newborn as a threat to his rule. Matthew 2:3 says, "When King Herod heard this he was disturbed, and all Jerusalem with him. The Greek word translated "was disturbed ἐϵαράχθη is an aorist passive verb, indicating the beginning or initiation of a reaction. The word for "heard ἀκούσας is a participle of time or cause, implying that Herod became anxious as soon as he heard the Magi's words.142

Herod was seized by confusion and fear when he heard that the "King of the Jews" had been born. At the time 1st century AD, there were strong rumours circulating in the East that a ruler from Judea would rise to dominate the world. Both the Jewish historian Flavius Josephus and the Roman historian Suetonius recorded this in detail.143 Aware of such prophecies, Herod may have taken the Magi's reference to Jesus as the "King of the Jews as a sign that his reign was nearing its end.144

Driven by his desire for power and overwhelmed by anxiety and fear, Herod resolved to kill the infant Jesus, his potential rival. He deceitfully told the Magi to find the child and report back so that he too might go and worship him v. 8. But when he realized the Magi had outwitted him, he became furious and ordered the massacre of all infant boys v. 16.

Herod's rage at being deceived by the Magi led him to expand his murderous plan. Not knowing the exact location of the child, he ordered the killing of all male children in Bethlehem and the surrounding region. Since the Magi had said they first saw the star two years prior, Herod commanded that all boys two years old and under be killed.145

Determined to ensure the child's death without error, Herod set broad geographical boundaries Bethlehem and its surrounding areas and a wide age range two years old and under.146

Herod, consumed by his political ambition and lust for power, committed the horrific massacre of innocent infants. His atrocities driven by political desires were numerous. For example, before becoming king, he slaughtered the remaining members of the Hasmonean dynasty who had ruled Judea. He executed more than half of the members of the Sanhedrin, killed 300 court officials on the spot, and even had his Hasmonean wife Mariamne, her mother Alexandra, and his own sons Aristobulus, Alexander, and Antipater put to death. As he lay dying, out of fear that no one would mourn his death, he gathered all the prominent citizens of Jerusalem in the stadium and executed them.[147]

In this way, Herod's insatiable hunger for power drove him to kill countless innocent people. In Matthew chapter 2, Herod acts swiftly to eliminate the infant Jesus, the true King of the world. We witness Herod's brutality as he orders the mass killing of innocent children to ensure no mistakes are made. Despite not being certain that the newborn would actually become the King of the Jews, Herod still proceeded with the massacre. This reveals just how immense and terrifying Herod's desire for power truly was.

4) Freedom/Independence: The Prodigal Son (Luke 15:11-32)

The story of the prodigal son, or the lost son, is a parable told by Jesus. Though the prodigal son is not a historical figure, he embodies the characteristics of someone with a strong desire for freedom and independence. The parable begins by breaking traditional Middle Eastern norms. Normally, a story like this would begin by introducing the elderly father, followed by the older son, and then the younger son. However, in this case, the younger son speaks first, and boldy so. He says to his father, "Father, give me the share of the estate that will belong to me Luke 15:12.

The issue lies not in the amount he requested but in the fact that he asked at all, and its timing. His request was not illegal but it was far from wise. It brought shame upon his father and the entire family, essentially serving as a public declaration that he no longer wished to be part of the household.148

In Jewish culture, it was unheard of for a younger son to ask for his inheritance while the father was still alive. Making such a request was like the son saying, "Father, I wish you were dead. In a society that placed such high value on obeying one's parents, this was seen as a grave act of rebellion.149

Yet, the father agrees to the younger son's foolish demand. According to Old Testament law, when a father died, the older son would receive a double portion of the inheritance, meaning the younger son would be entitled to one-third. However, if the property was distributed before the father's death, the younger son's share would likely be reduced to around one-ninth.150

Soon after receiving his portion, the younger son converts it into cash and departs "Not many days later, the younger son gathered all he had... v.13. Why did he act this way? Most scholars agree that it was due to his strong desire for independence and freedom. He was likely a teenage boy, unmarried, and eager to carve his own path. He cut ties with his father and left for a distant land of his choosing. "Clearly, he longed for a free life.151

At the time, many Jews migrated to foreign countries. While approximately 500,000 Jews lived in Palestine, an estimated 4 million lived throughout the diaspora, which was eight times as many.152.

Frequent famines and foreign invasions made Palestine a difficult place to live, and many Jews sought better economic opportunities in the trade-centred diaspora communities.153

The younger son chased after what he believed would bring personal gain. He selfishly abandoned his responsibilities to his father and severed his family ties. He had grown weary of the daily life under his father's rule and longed to escape his father's oversight. He yearned to live independently, doing whatever he pleased in a far-off land.154

In conclusion, unlike the older son who stayed obedient to his father's authority, the younger son had a deep desire for independence and freedom. This led him to make a culturally shocking request. His action, driven by a distorted desire, was inappropriate as he sought to break away from his father entirely.

4. Christian Spiritual Interventions

Over the past 20 years, religious and spiritual therapeutic methods have undergone significant development. This progress is closely linked to advancements in the research and practice of psychology and mental health, allowing for greater integration of various therapeutic approaches. For example, third-wave therapies such as Acceptance and Commitment Therapy ACT, Mindfulness-Based Cognitive Therapy MBCT, and Dialectical Behaviour Therapy DBT have evolved from behaviour therapy and cognitive behaviour therapy. Alongside these developments, Christian spiritual interventions have also progressed.155

Christian spiritual interventions can be categorized into implicit integration and explicit integration. Implicit integration is used when the client is either a non-believer or a believer who shows little interest in spiritual matters. In this approach, religious or spiritual issues are not openly discussed between the counsellor and client during therapy. Spiritual interventions such as prayer or the use of Scripture are not used overtly, directly, or systematically. This is a subtler approach to integrating Christian faith into therapy. For instance, the counsellor may pray silently for the client or demonstrate agape love.

In contrast, explicit integration is used with Christian clients who believe that faith can play an effective role in counselling. In this method, spiritual content is addressed openly, verbally, and systematically. Resources such as prayer, Scripture, the church or support groups e.g., Bible study groups, lay counsellors, and religious practices are used as therapeutic tools. In particular, the client's spiritual growth is a key aspect of Christian therapy using explicit integration.[156]

Brian Eck introduces practical disciplines for spiritual growth under three categories and explains in detail how each category contributes to spiritual maturity. These three categories are cognitive, behavioural, and interpersonal. Each discipline plays an important role in bringing about inner transformation and leading individuals toward a deeper life of faith.

The content of Brian Eck's spiritual growth training.[157]

Cognitive	Meditation, Listening, Scripture, Study, Prayer, Discernment
Behavioral	Simplicity, Frugality, Fasting, Solitude, Silence, Service, Sacrifice
Interpersonal	Confession, Repentance, Forgiveness, Submission, Humility, Hospitality

A professional Christian counsellor must choose to use either implicit or explicit integration techniques depending on the client. In this book, I intend to introduce and discuss explicit integration techniques for two main reasons.

First, it is because the readers of this book are already Christians who are eager to learn about Christian spiritual interventions, rather than secular techniques. For this reason, Christian spiritual interventions can resonate with readers in a more meaningful way. Readers are deeply aware of the impact of faith on personal life and seek to understand how such faith can be integrated into the therapeutic process. Let's once again clarify the concept of Christian counselling.

Gary Collins defines a Christian counsellor as "a committed servant of Jesus Christ led by the Holy Spirit, who applies God-given power, skills, training, knowledge, and insight to help others achieve wholeness, build confidence in interpersonal relationships, attain mental stability, and grow in spiritual maturity.**158**

Jung Jung-sook defines Christian counselling as "a process of re-education within the relationship between the counselor and the counselee, aiming to resolve present issues through the work of the Holy Spirit by transforming unbiblical thoughts, emotions, and behaviors into biblical ones. Its ultimate purpose is to help individuals be transformed to live for the glory of God.**159**

The second reason we will explore explicit integration is for theological reasons. Previously, I examined theological perspectives related to human desires. The root of negative desires lies in human sinfulness. Sinfulness produces impure desires and behaviours, negatively affecting many areas of our lives. Therefore, to deal with the fruit of negative desire, we must first deal with its root—sin. Addressing our sinful nature is what the Bible refers to as holiness.

Various therapeutic approaches can be used to overcome negative desires. However, it is necessary to employ Christian spiritual practices such as meditation, prayer, fasting, Scripture, confession, and forgiveness.**160**

The Bible outlines various practical ways Christian spiritual interventions through which believers can grow in holiness. These function as methods and means.161

In order to imitate our holy God, it is essential that we meet and experience Him. The methods the Bible describes for becoming holy are ultimately means to draw us into the presence of God. When we are with God, our negative desires can be overcome.

I will present the following four categories of explicit techniques as part of Christian spiritual interventions:

Cognitive: Scripture and relationship
Emotional: Prayer and meditation
Behavioral: Forgiveness and gratitude
Integrative: Journaling

Chapter 5. Life Application

So far, we have examined biblical, theological, and contemporary Christian counselling perspectives on human desire. Negative desire lies at the core of the sinful nature within believers. When negative desire is activated, it leads to behaviours and attitudes that are unbefitting of a follower of Christ, and it becomes a significant obstacle to spiritual growth. Therefore, believers must work to overcome negative desires. To that end, I propose two key steps in this book: First, discovering the negative desires within.

We will explore what specific negative desires may exist in one's heart, and how those desires function in everyday life.Second, learning how to apply Christian spiritual interventions. We will examine what these Christian spiritual interventions are, and how they can be used to overcome one's specific negative desires. Through this process, believers can embark on an inner journey toward spiritual growth.

1. Understanding Negative Desire

Earlier, we identified the four desires common to all human beings: safety/survival, belonging/love, power/importance, and independence/freedom.

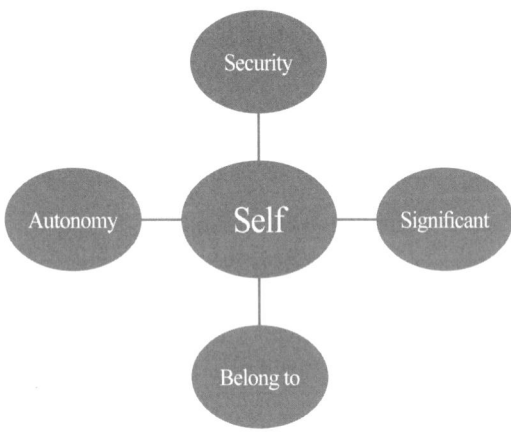

1) Discovering My Own Desires

Among the four types of desire, each believer tends to be more strongly influenced or dominated by one particular type. It is important to identify which desire is most dominant in each individual. To help with this, I propose four methods.

First, one can use William Glasser's needs assessment.

Glasser identified five basic human needs: survival, love and belonging, power, freedom, and fun. He developed a questionnaire to assess these five needs. For our purposes, we will use the questionnaire excluding the fifth category fun and focus only on the remaining four. Through this tool, individuals can objectively identify which desire is most dominant in their lives.

The second, third, and fourth methods are more subjective and involve inner observation. The second method is to reflect on the past. Participants are asked to recall a specific event that evoked intense feelings of shame or fear. Such a formative experience is likely to be linked with the development of a core negative desire.

Example: A woman, now married with a five-year-old daughter, lost her father in an accident when she was four years old. Her single mother raised her and her younger brother alone. The woman remembers that when her mother went to work, she would leave the two children in a room and lock the door from the outside. During her elementary school years, she felt deeply ashamed because her family was poor and she often compared herself to her friends. She couldn't afford the same school supplies or toys her friends had. Later, her mother remarried, but her stepfather was an alcoholic and abusive. Due to financial hardship, the woman attended a vocational high school and was unable to go to college, so she entered the workforce instead. As a result of these life experiences, she developed a strong desire for safety and survival, especially concerning her home and children.

The third method is to reflect on a time when a relationship was broken. Think about any moments in your life when a relationship became strained or ended. Then, try to identify the causes and reasons behind the conflict or separation. Often, these falling-outs are closely related to one's negative desires.

Example: The woman mentioned above experienced broken relationships with fellow church members. For example, when her child fought with another child at church, she immediately saw the other child as an enemy. Because of her deep-rooted negative desire, she perceived the other child as a threat to her own child's safety. Driven by her protective instincts, she would criticize or speak ill of the other child, which eventually damaged her relationship with that child's parents as well.

The fourth method is to examine the content of your daily conversations. Pay attention to the kinds of topics you usually talk about with your friends or those around you. This can give an insight into your dominant desires.

Example: This woman's main topic of conversation revolves around her children's safety and survival. Though she has been a believer for a long time, her negative desire makes it difficult for her to fully accept or understand passages like Matthew 10:36–38:

"A person's enemies will be the members of his own household. Anyone who loves their father or mother more than me is not worthy of me; anyone who loves their son or daughter more than me is not worthy of me. Whoever does not take up their cross and follow me is not worthy of me.

This passage emphasizes that, for true discipleship, Jesus must come before even one's own family. The woman finds conversations around such topics uncomfortable and challenging.

In summary, I have presented four methods both objective and subjective for discovering one's negative desires. Through these methods, we can come to understand what kinds of negative desires exist within us.

2) The Paradigm of Negative Desire

Each person responds to negative desires in their own way. These response patterns follow a certain paradigm, described in the diagram below.[162]

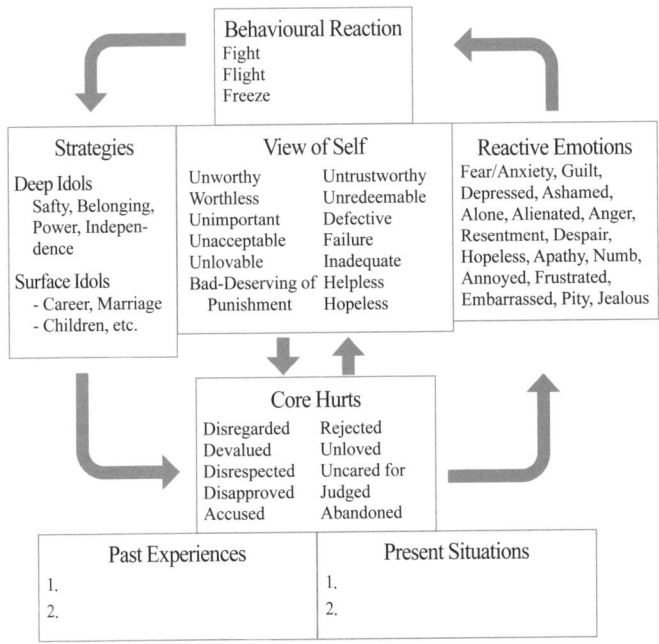

A person carries core wounds formed through past experiences. These wounds influence the way one perceives oneself and shape their self-image. Such wounds and self-perceptions often trigger specific emotional responses, which then lead to certain behavioural reactions such as fighting, fleeing, or freezing. These responses, in turn, often give rise to life strategies closely tied to one's negative desires. For example, the paradigms of Jacob safety, the Samaritan woman belonging, and the prodigal son freedom illustrate these dynamics. See the diagram below for a visual representation.

* Safety – Jacob

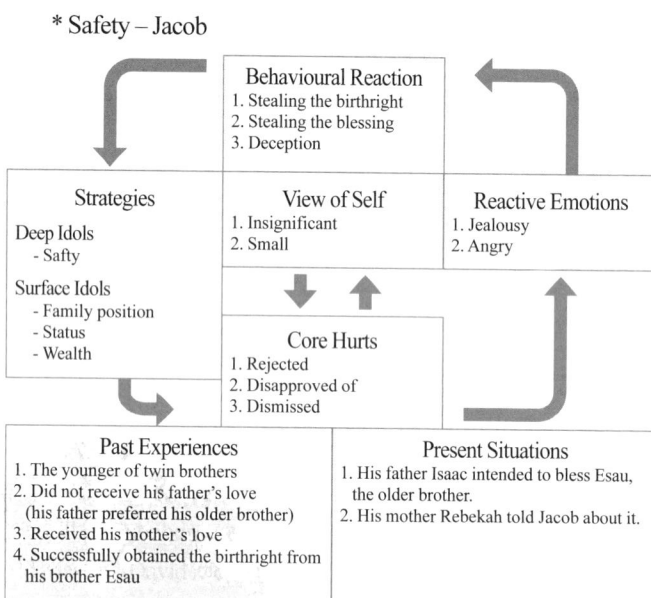

* Belonging – The Woman at the Well in Sychar

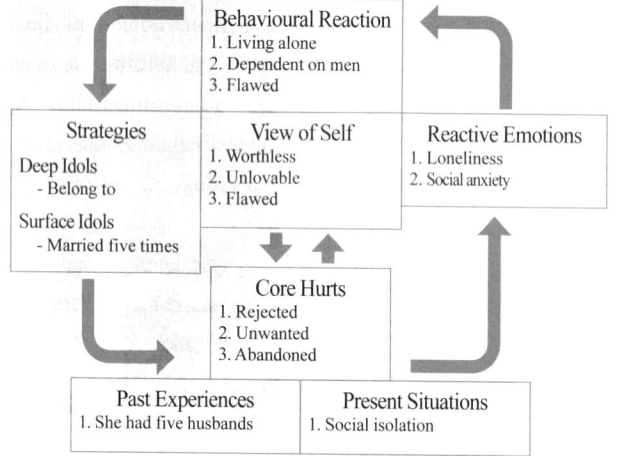

* Freedom – The Prodigal Son

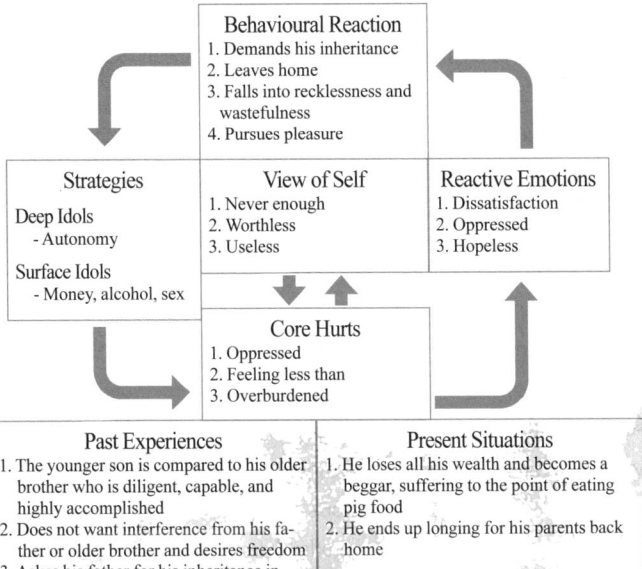

So far, we examined the paradigm of negative desire. Another representation of this paradigm can be seen in the diagram below.163

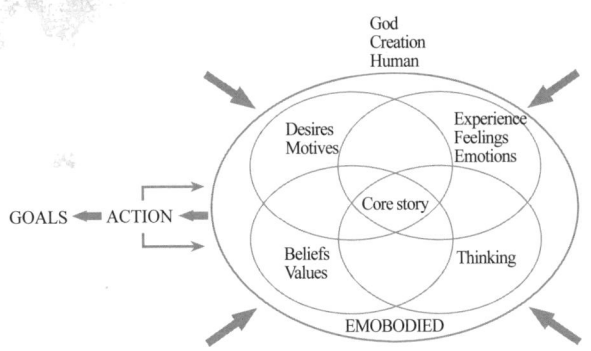

Chapter 5. Life application … 219

3) The Operation of Negative Desires

The diagram below shows how negative desires operate in relation to oneself, others, and God.

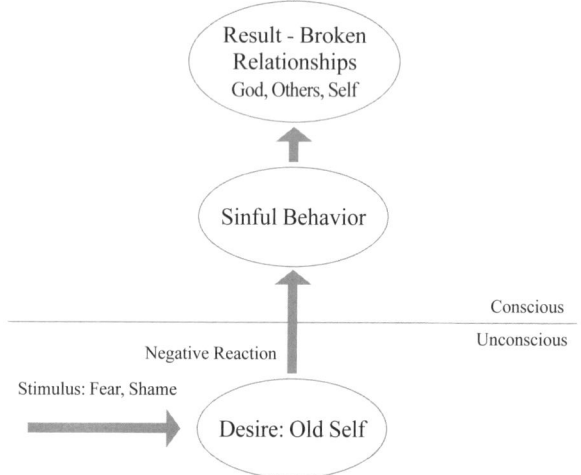

When we find ourselves in situations that trigger fear or shame in our daily life, our negative desires are stimulated. This process takes place within the unconscious. When negative desires are triggered, we engage in sinful behaviours, which damage our relationships with ourselves, others, and God. These negative desires must be transformed into positive desires. At the centre of negative desires are the emotions of fear and shame. However, at the centre of positive desires is Jesus Christ.

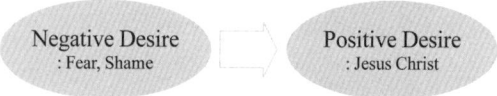

When a negative desire is transformed into a Christ-centred positive desire, the way we view ourselves changes as follows.

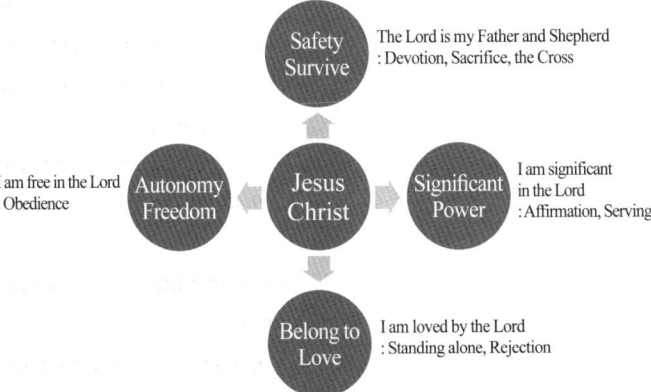

When Christ-centred positive desires operate in our lives, the movement of life begins. We experience restoration in our relationships with ourselves, our neighbours, and with God.

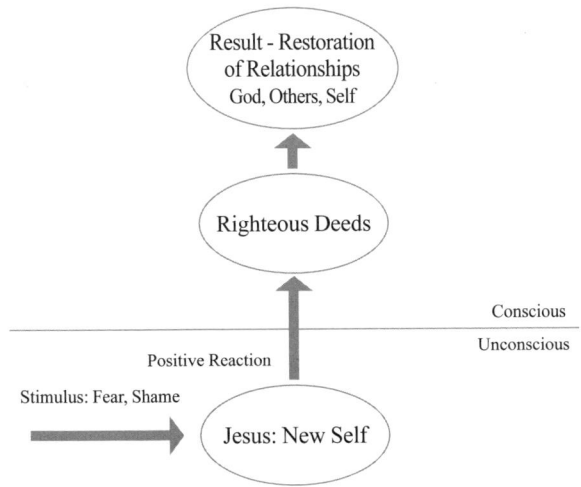

In this way, our negative desires must be transformed into positive desires. However, this transformation cannot be fully achieved through secular psychological methods alone, because as previously discussed, negative desires are rooted in our sinful nature. Therefore, we require the use of Christian spiritual interventions that have been developed and refined by our ancestors in faith throughout the two-thousand-year history of Christianity. At its core, it works to turn fear and negative desires away and redirect the individual toward Jesus Christ.

This book discusses seven Christian spiritual interventions: Scripture, relationships, prayer, meditation, forgiveness, gratitude, and spiritual journaling. The key principle lies in how these interventions can be used in order to shift the individual's focus away from fear and to Jesus Christ.

2. Application of Christian Spiritual Interventions

The seven Christian spiritual interventions introduced by this book can bring about changes in cognition, emotions, and behaviour. While all seven practices can lead to these changes, each practice will have slightly different emphases. The following diagram explains this.

Core	Fear → Jesus Christ
Cognition	Scripture
	Relationships
Emotion	Prayer
	Meditation
Behaviour	Forgiveness
	Gratitude
Comprehensive	Spiritual Journaling

1) Scripture

Scripture has the power to transform believers. The Word is the spiritual nourishment essential for their growth. Therefore, after being born again, believers need to read, meditate, memorize, and obey God's Word throughout their lives. However, one thing I have observed is that believers often approach Scripture according to their negative desires. It is similar to a child being picky with their food. Keeping their negative desires in mind, they may like certain verses while rejecting others. I previously gave an example of a woman who rejected Matthew 10:36-38 due to her negative desire for safety.

At the root of this behaviour is fear. In the case of the woman I mentioned, her fear was that her children would experience the same hardships she went through. For this reason, we must use God's

Word to overcome this fear. The fear varies depending on the underlying desire. In response, I have developed specific themes, Bible verses, and practical actions tailored to each desire. In particular, memorizing the relevant verses and applying them when fear or anxiety arises can be especially effective.

a. Safety – The Lord is my Father, Shepherd, and Refuge

a) Father – John 1:12, Matthew 6:25-26

John 1:12 Yet to all who received him, to those who believed in his name, he gave the right to become children of God—

Matthew 6:25-26 Therefore I tell you, do not worry about your life, what you will eat or drink; or about your body, what you will wear. Is not life more important than food, and the body more important than clothes? Look at the birds of the air; they do not sow or reap or store away in barns, and yet your heavenly Father feeds them. Are you not much more valuable than they?

b) Shepherd – Psalm 23:1

The Lord is my shepherd; I shall not be in want.

c) Refuge – Psalm 59:16-17

But I will sing of your strength, in the morning I will sing of your love; for you are my fortress, my refuge in times of trouble.

O my Strength, I sing praise to you; you, O God, are my fortress, my loving God.

d) Practice – Matthew 6:33-34, Matthew 10:37-38, Luke 9:23

Matthew 6:33-34 But seek first his kingdom and his righteousness, and all these things will be given to you as well. Therefore, do not worry about tomorrow, for tomorrow will worry about itself.

Each day has enough trouble of its own.

Matthew 10:37-38 Anyone who loves his father or mother more than me is not worthy of me; anyone who loves his son or daughter more than me is not worthy of me;

and anyone who does not take his cross and follow me is not worthy of me.

Luke 9:23-24 Then he said to them all: "If anyone would come after me, he must deny himself and take up his cross daily and follow me. For whoever wants to save his life will lose it, but whoever loses his life for me will save it.

* What should we give up and dedicate for the Lord?

b. Love/Belonging – John 17:23, Zephaniah 3:17, John 14:20, 2 Corinthians 11:2

a) Loved Being

John 17:23 I in them and you in me. May they be brought to complete unity to let the world know that you sent me and have loved them even as you have loved me.

Zephaniah 3:17 The LORD your God is with you, he is mighty to save. He will take great delight in you, he will quiet you with his love, he will rejoice over you with singing.

b) Union with God

John 14:20 On that day you will realize that I am in my Father, and you are in me, and I am in you.

c) Bride of the Lord

2 Corinthians 11:2 I am jealous for you with a godly jealousy. I

promised you to one husband, to Christ, so that I might present you as a pure virgin to him.

d) Practice

John 15:15 I no longer call you servants, because a servant does not know his master's business. Instead, I have called you friends, for everything that I learned from my Father I have made known to you.

1 John 4:18 There is no fear in love. But perfect love drives out fear, because fear has to do with punishment. The one who fears is not made perfect in love.

> * Based on the Lord's love (not my fear), what should I practice in relationships with others and what should I reject?

c. Importance/Power – 1 John 4:10, 1 Peter 2:9

a) Being Loved by God

1 John 4:10 This is love: not that we loved God, but that he loved us and sent his Son as an atoning sacrifice for our sins.

b) The Value of Believers

1 Peter 2:9 But you are a chosen people, a royal priesthood, a holy nation, a people belonging to God, that you may declare the praises of him who called you out of darkness into his wonderful light.

c) Practice

Philippians 2:3 Do nothing out of selfish ambition or vain conceit, but in humility consider others better than yourselves.

1 Corinthians 12 – The purpose of the gifts given is not for self-promotion but for the benefit of other members 1 Cor. 12:7, Ephesians 4:12 to prepare God's people for works of service, so that the

body of Christ may be built up

* Who should I praise and build up? Practice recognizing and lifting up others.

d. Freedom/Independence – John 8:31-36

a) Those who believe in the Lord are free

John 8:31-36 31, 32, 36

Verse 31: So Jesus said to the Jews who had believed in Him, "If you hold to my teaching, you are really my disciples. Then you will know the truth, and the truth will set you free.

Verse 36: So if the Son sets you free, you will be free indeed.

b) Practice

1 Corinthians 9:19 Though I am free and belong to no man, I make myself a slave to everyone, to win as many as possible.

1 Peter 2:11-25 13-14, 16-18

* Who are the leaders I should obey and the elders I should honour? How will I specifically act on this?

2) Relationship

We must first understand the relational paradigm based on negative desire.

A relationship paradigm based on negative desire

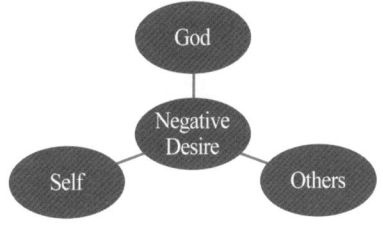

When one lives for their own desires in their relationship with God, they don't feel the need for Him very often. It's only when their desires are not fulfilled and life becomes difficult that they seek God. In this paradigm, God is not regarded as our King or Lord, but merely as a helper. As a result, we treat God the same way we would treat a helper.

In our relationship with ourselves, we feel at peace and our self-esteem increases when our desires are fulfilled. That's why we constantly strive to achieve our desires. We define our identity based on the outcomes of our desires. When these are not fulfilled, we suffer from low self-esteem, anxiety, and fear.

In our relationship with others, we treat people as objects or tools to fulfill our own desires. When our desires clash with others and conflict arises, we begin to see them as enemies.

A transformed relational paradigm based on Jesus Christ

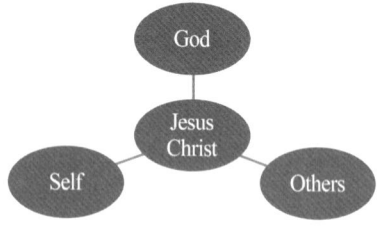

a. Zacchaeus

a) Past

Before meeting Jesus, Zacchaeus sought his identity through wealth Self. In his pursuit of riches, he exploited others and broke relationships Others. He also violated God's law by extorting money and collecting more than what was permitted God.

b) Present

After meeting Jesus, Zacchaeus repented of his past sins God. He invited Jesus into his home and joyfully held a banquet Self. He generously gave away half of his possessions and paid back four times what he had extorted Others.

b. The Samaritan Woman

a) Past

The woman at the well sought her identity through relationships with men Self. She broke God's law by engaging in improper marriages God. As a result, she was ostracized by her community and struggled to have meaningful relationships with others Others.

b) Present

She accepted Jesus as her Saviour at the well God. Leaving her water jar behind, she returned to town filled with joy and declared that she had met the Christ Self. She introduced Jesus to the townspeople and became a witness to them Others.

c. The Prodigal Son

a) Past

As the younger son, the prodigal was dissatisfied living under the shadow of his seemingly perfect older brother. He saw himself as oppressed and lacking freedom Self. He did not follow God's ways regarding inheritance, nor did he obey God's command to honour his parents. He lived a reckless and immoral life God. His demand for his inheritance was a disrespectful act toward his father Others.

b) Present

The prodigal son repented of his wrongdoings God. He no longer sought his identity through independence but found it in being his father's son. He was even willing to live as a servant rather than a son Self. He returned home and restored his relationship with his father Others.

We can reflect on our past selves using the relational paradigm and look at our relationships with God, ourselves, and others. We gain insight into what they looked like, and the reason behind its brokenness. It encourages us to meditate on what changes must be made and to record those reflections in tangible ways.

Through this process, we can apply the Christian spiritual interventions onto the relationships in our lives.

3) Prayer

Prayer is the privilege of believers. Through prayer, believers can have fellowship with God, discern His will, and present their needs before Him. However, the stronger a believer's negative desires are, the more likely they are to use prayer merely as a tool to fulfill personal needs. Through Jesus' example of prayer, we can learn how to overcome our own desires.

* The Prayer of Jesus – Matthew 26:36–46

a. The Fear of Jesus

Facing the cross, Jesus prayed to God the Father in the Garden of Gethsemane. As one who was fully human, Jesus was well aware of the terrifying pain of crucifixion. His heart was troubled with fear.

Verse 37: "He began to be sorrowful and troubled.

Verse 38: "My soul is overwhelmed with sorrow to the point of death...

b. The Desire of Jesus

Knowing the terrible suffering of the cross, Jesus pleaded with the Father in prayer to let the cup pass from Him. This request reveals His deeply human desire to avoid pain and suffering.

Verse 39: "My Father, if it is possible, may this cup be taken from me. Yet not as I will, but as you will.

c. The Process of Prayer

Jesus prayed the same request three times before the Father. During this time of prayer, He surrendered His own will and sought for the Father's will to be done. Through prayer, Jesus aligned Himself in full obedience to the Father's will.

Verse 44: "So he left them and went away once more and prayed the third time, saying the same thing.

Verse 39: ...Yet not as I will, but as you will.

Verse 42: ...May your will be done.

Here, we must pay close attention to the intimacy between Jesus and God the Father. At the heart of intimacy is trust. To say that I am intimate with someone means that I trust them. Trust is the belief that the other person always brings benefit to me. Jesus had complete trust in God the Father. Because of this trust, Jesus was able to obey the Father's will, even to the point of death.

Who can lay down their desires and submit to the will of God the Father? It is the believer who fully trusts Him. It is the believer who trusts that God always works for their good. Like Jesus, we must come before God in prayer daily Luke 22:39, growing in our trust in Him. We must cultivate the belief that God is always on our side.

d. Transformation After Prayer

After praying to the Father, Jesus faces death with boldness verses 45-46. His heart is no longer filled with sorrow, agony, or fear.

Verse 46: "Rise! Let us go! Here comes my betrayer!

e. Application and Practice

First, write down the prayer requests you have before God. Record in detail everything you are desiring. Then, identify which of these prayer topics may be driven by your negative desires. Especially consider how your prayer topics relate to your fears. As you present your prayer list before God, ask Him to reveal His will concerning each item. Like Jesus, continue to pray repeatedly and persistently before God. Through this kind of prayer of seeking God's will, we can experience the transformation that enables us to overcome negative desires.

4) Meditation

Meditation is composed of two Chinese characters: 默, meaning "silence," and 想, meaning "to think." Together, they convey the meaning of "thinking in silence." Negative desires lead us to meditate, but in a harmful way. We meditate on our past with resentment or depression, and on the future with anxiety.

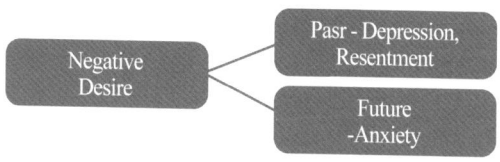

Secular meditation was officially introduced to the world in the 1970s by Jon Kabat-Zinn, a professor at the University of Massachusetts Medical School. He applied his experiences from Buddhism to his work. He defined meditation as "the awareness that arises through paying attention, on purpose, in the present moment, and non-judgmentally, to the unfolding experience moment by moment."164

Secular meditation focuses on concentrating on the present moment and one's senses, freeing the mind from negative desires emptiness or non-thought. In contrast, Christian meditation focuses on concentrating on the person of Jesus Christ the Word of God in order to be free from negative desires.

* Secular Meditation

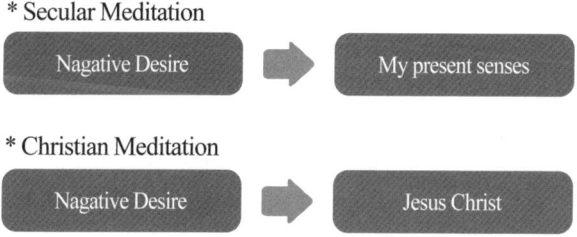

* Christian Meditation

Christian meditation is Christ-centred mindfulness. It began in the monastic communities of the 3rd century and has recently been rediscovered. "Over the last century, the Church has rediscovered Christian mindfulness practices based on the Christian faith that have been practiced for centuries."165

Kleinig166 introduces the ancient Christian tradition of Lectio Divina sacred reading. Its origins are unclear, but it is believed to have started with Origen 185-254 who encouraged "faithful divine reading." Later, in the 12th century, Guigo II, a Carthusian monk, formalized the practice of Lectio Divina. The stages of Lectio Divina are Lectio reading, Meditatio meditation - focusing the mind, Oratio prayer - responding, Contemplatio contemplation - listening, and Aactio action.

First, Lectio reading involves reading the Bible passage slowly and attentively. During this process, you focus on words or phrases that particularly resonate with you. Meditatio meditation is deeply reflecting on the passage while listening to God's Word. You ask yourself what the passage means in your current life or situation, opening your heart to God's voice and focusing on it. You reflect on the message God is giving you. Oratio prayer is responding to the insights or emotions you received from the passage by praying to God. In this stage, you converse with God, expressing gratitude, confession, and requests. Contemplatio contemplation and mysticism is feeling God's presence in silence and internalizing His Word. This stage aims to simply "remain in God, accepting His will and love. Actio action involves putting into practice the insights you gained from meditation, obeying God's Word. Often, the result of Lectio Divina leads to changes in life, actions, and experiences of joy and closeness with God.

Kleinig[167] introduces Luther's approach to meditation. Luther practiced a three-step meditation process: Oratio prayer, Meditatio meditation on the Word, and Tentatio trial/temptation. The final step, Tentatio trial/temptation, occurs when prayer and meditation on the Word lead to spiritual attacks, which bring us to our knees and lead us back to God a cyclical process. Jesus also had a time of meditation in the wilderness for 40 days Matthew 4:1-11. During this time, Jesus faced the devil's temptations but remained silent and focused on God the Father.

The author aims to introduce a three-step meditation process that helps us focus on Jesus Christ rather than negative desires. The first step is Sacred Silence. When negative desires are strong and activated, we tend to speak a lot to others complaints, fear, lies, slander, gossip, etc.. We need sacred silence to regain control.

The second step is Meditation/Discernment Questions. In this stage, we meditate and ask discerning questions. For example, we reflect on past events that have shaped our negative desires. We discern the emotions we felt at that time shame, fear, hurt. Where was Jesus during this past situation? Did I feel that Jesus was close, or did I feel He was distant? What words of comfort would Jesus have for me regarding that situation? What does the Bible say about the situation I am facing? We meditate on Scripture verses. What words of comfort would I give to my past self during that time?

The third step is Prayer/Listening. Based on the insights gained through meditation and discernment questions, we pray to God. In the prayer, we listen for God's message.

This meditation practice is not only useful for healing past wounds but also applicable to daily life. We meditate on the emotions, thoughts, and relationships we experience each day. The key at this stage is to reflect on the negative desires within us that influence our emotions, thoughts, and relationships. Through Scripture, meditation, and prayer, we can refocus on Jesus Christ.

5) Forgiveness

Philip Yancey states, "What sets us apart from all other animals is not our ability to think, but our ability to repent and forgive."[168] Patrick Miller, a theologian and Presbyterian pastor, argues, "To forgive oneself is to release the trapped energy that enables us to do good in the world."[169]

Forgiveness is crucial in Christian spiritual healing techniques because it is at the heart of overcoming negative desires. As we saw earlier, in many cases, negative desires are formed when we are hurt by others. Additionally, the activation of negative desires often leads to us hurting others. Forgiving someone is the starting point for overcoming the negative desires within us.

When people are hurt, they respond in their own ways. The table below shows various responses. Among these, the extreme, inappropriate responses are Passive Flight and Aggressive Fight. Passive Flight is the passive response to hurt, while Aggressive Fight is the response of attacking the other person.170

Suicide	Passive Flight - Mat 26:39	Escape Responses	Peace - Faking
Flight			
Denial			
Overlook	Assertive	Peacemaking Responses	Peace - Making
Reconciliation			
Negotiation			
Mediation			
Adjudication			
Accountability			
Assault	Aggressive Fight - Mat 26:53	Aggressive Responses	Peace - Breaking
Litigation			
Murder			

As shown in the table, we must respond with an assertive reaction, which is a reconciliatory response. By doing so, peace can be created in relationships. Now, let's examine how to respond assertively from both the perspective of the perpetrator and the victim.

a. Asking for Forgiveness: The Perpetrator's Perspective

a) To God[171]

God's forgiveness brings both therapeutic and juridical results. First, the therapeutic result. The perpetrator confesses their sin to God, acknowledging that they have been wounded or are ill because of their sin. The confession of sin leads to the healing path of restoring God's image. This is also a practice of humility, where the one repenting sees what has blocked God's image within their soul.

In terms of the juridical result, the confession of sin acknowledges that one has broken the law and takes the first step in accepting responsibility for it. Through this process of confession, justice is restored in some form, and the repentant receives forgiveness for their sin, leading to reconciliation with both God and the community.

b) To Others

Sande[172] introduces the 8 A's of Confession as a guide for how to seek forgiveness from others effectively:

Address Everyone Involved – Apologize to all who were affected by your wrongdoing. Every person who has been impacted deserves acknowledgment and a direct apology. Avoid If, But, and Maybe – When confessing, avoid using conditional language such as, "If I hurt you, or "But you also... These phrases can appear to shift blame or diminish your responsibility, casting doubt on the sincerity of your confession.

Admit Specifically – Rather than simply saying, "I'm sorry, clearly name and admit the specific wrongs you committed. This shows that you understand the nature and weight of your actions.

Acknowledge the Hurt – Recognize and empathize with the pain and hurt your actions caused the other person. Validating their experience builds trust and connection.

Accept the Consequences – Take full responsibility for any consequences your actions brought about whether that was financial, emotional, or relational. This step shows maturity and ownership.

Amend the Injustice – Take concrete steps to make things right. This could include correcting misinformation, offering restitution, or any other action that helps restore justice.

Alter Your Behaviour – Demonstrate a genuine commitment not to repeat the offense by changing your behaviour. Show that you've learned from your mistake.

Ask for Forgiveness – Finally, humbly ask the other person to forgive you. While you cannot demand forgiveness, your sincere confession creates an opportunity for reconciliation.

b. Granting Forgiveness: The Victim's Perspective

Andrea Brandt[173] outlines four steps to forgiveness:

Reflect on the event that made you angry. Acknowledge that the incident happened. Accept how you felt about it and how it affected your behaviour. To begin the process of forgiveness, you must face the reality of what occurred and recognize how it impacted you emotionally and mentally.

Recognize the growth you experienced through the event. Consider what the incident taught you about yourself, your needs, or your personal boundaries. Rather than just surviving the experience, you may have grown because of it. Reflecting on this can help reframe the situation in a more empowering light.

Consider the person who hurt you. Acknowledge that this person is also flawed. Like all people, they acted out of limited beliefs and distorted perspectives negative desires. Just as we all do at times, they likely acted in a way that attempted to meet a need, though it caused harm to you in the process.

Decide whether or not to express forgiveness to the person. If you choose not to tell them directly, then practice forgiveness internally. Say out loud, "I forgive you, and add any words or expressions you feel are needed.

If you decide to truly forgive, make the following commitments: First, I will not dwell on this incident internally. Second, I will not bring it up again to the offender or use it against them. Third, I will not talk about it with others. Fourth, I will not allow this event to hinder our relationship moving forward.

C. The Example of Jesus: Luke 23:33–34, John 21:1–19

Luke 23:33–34

"When they came to the place called the Skull, they crucified Him there, along with the criminals—one on His right, the other on His left. Jesus said, 'Father, forgive them, for they do not know what they are doing.' And they divided up His clothes by casting lots.

Even as He was being crucified, Jesus prayed to God the Father, asking Him to forgive those who were killing Him. Jesus recognized that they were acting in ignorance, unaware of the full weight of their actions. Likewise, we too must look upon the weakness of those who hurt us—their ignorance and inability—and respond not with hatred, but with compassion.

John 21:1–19

After His resurrection, Jesus went to find the disciples who had betrayed Him and returned to their hometown to fish. He forgave them and restored them by entrusting them with His mission: "Feed My sheep. The starting point of Jesus' forgiveness was His initiative to go to them. He took the first step toward reconciliation by seeking out the very ones who had abandoned Him. In the same way, we too should open our hearts and take the first step in reconciliation. By choosing to forgive the offender who may have triggered our negative desires, we can stop those desires from continuing to arise within us. Forgiveness becomes a way of healing and breaking the power of lingering negativity.

6) Gratitude

Gratitude is an effective therapeutic method for overcoming negative desires. The Chinese word for gratitude 感謝 combines the character for "to feel 感 and "to express thanks or "to offer 謝, which includes the components for "speech and "to shoot/offer. It refers to the act of feeling thankful in one's heart and expressing that thankfulness outwardly. Jonathan Edwards, in his writings, stated that gratitude toward God is one of the signs of true religion.[174] For this reason, the religious spirituality of believers can be measured by their thankfulness.

The Bible says in 1 Thessalonians 5:16–18, "Rejoice always, pray continually, give thanks in all circumstances; for this is God's will for you in Christ Jesus.

Why does God command us, His people, to give thanks in all circumstances? Because there is divine power in gratitude.

There are three powers found when we give gratitude to God:

First, Gratitude leads us to view our past positively. When we give thanks to God, there is always something specific we are thankful for. As we offer our thanks based on these reasons, we begin to see our past life as meaningful and worthwhile. In contrast, when we are dominated by negative desires, we focus only on unfulfilled cravings and fail to appreciate the life we have already lived. A lack of gratitude reveals that we do not perceive value or significance in our own lives.

Second, gratitude leads to an overflowing joy in our present life. Gratitude not only has content, but also a recipient. We express our thankfulness to God and to others. For believers, especially, we give thanks for God's grace. When we give thanks, we become aware of and experience the presence of God who is with us. Jonathan Edwards claimed that gratitude is one of the most accurate ways to recognize the presence of God Coram Deo in the life of a believer.[175]

Because of God's presence, believers can enjoy abundant joy in their current life Psalm 28:7. In contrast, negative desires do not produce joy, but instead give birth to dissatisfaction.

Third, gratitude removes fear about the future. When we give thanks in various ways such as through confession, written expressions, offerings, songs of praise, and testimonies, our gratitude becomes evidence that God has helped us. Joshua 4 - the twelve stones. Every time we see that evidence, we are reminded of who God is. Then we are able to entrust our future to Him, and as a result, fear about the future disappears Philippians 4:6. Negative desires, on the other hand, make us feel anxious, worried, and fearful when we look toward the future. Ultimately, the act of giving thanks redirects our focus from negative desires back to God.

When we practice gratitude in specific ways, we should deeply consider the following three aspects:

First, am I truly thankful? Attitude

Gratitude varies in degree how thankful we feel-deeply or only slightly and in frequency how often we feel thankful-regularly or rarely. Each person differs in these aspects. Generally, those who live under the influence of negative desires tend to have a low degree and frequency of gratitude. Because they are too focused on using God and others to satisfy their own desires, they struggle to give thanks. We must honestly examine whether we are genuinely grateful to God.

Second, what am I thankful for? Content

God commands us to give thanks in all circumstances. This includes even the seemingly insignificant things. In particular, we need to intentionally give thanks for the things that trigger dissatisfaction, worries, and anxieties caused by our negative desires. To cultivate a habit of gratitude, it is helpful to record the details of what we are thankful for.

Third, how can I express my gratitude? Expression

People dominated by negative desires often express constant complaints, dissatisfaction, and blame. In contrast, we can express our gratitude to God through prayer confession, written reflections thanksgiving notes, offerings, songs of praise, and testimonies. Toward others, we can express gratitude through words, gifts, collaboration, and acts of appreciation such as showing up during significant life events.

7) Spiritual Journal

The reason we write journals is because it benefits us. Korean novelist Kim Yeon-su once said, "Keeping a journal seems like a way to live life twice. Though we can't correct past mistakes, we can try to avoid repeating the same situations.[176]

Writing in a journal is a way of revisiting the past while standing in the present, retracing moments from earlier in the day. British writer Virginia Woolf commented, "The beauty of the past lies in the fact that we often fail to fully perceive the emotions in the moment of experience. These emotions expand with time. That is why we possess complete feelings only toward the past, not the present.[177]

In this way, journaling becomes a way to experience the same moment twice, and differently each time. It is a practice of revisiting the emotions of the past and expanding them in the present.

There are countless benefits to journaling, but here we will focus specifically on the value of spiritual journaling, because it serves as a synthesis of various Christian spiritual healing practices. While spiritual journaling provides many benefits, I would like to highlight the following three:

First, spiritual journaling deepens our relationship with God. Though writing a journal for spiritual growth has not been widely practiced or known until recently, it is now gradually gaining attention. Literally speaking, a journal is a record of daily life. However, there is not a single part of our day that is disconnected from God or outside His rule. Even the seemingly trivial parts of our daily lives are encounters with God, and the journal becomes a record of this walk with Him. Moreover, if we write down our meditations as part of our journal, we can become deeply rooted in God's Word and remain in His presence more fully.

Recommended books related to spiritual journaling include:
Ordering Your Private World by Gordon MacDonald
The Life and Diary of David Brainerd by Jonathan Edwards

Religious Affections and The Signs of Genuine Faith by Jonathan Edwards

Second, a spiritual journal helps manage both our inner world and daily life. When negative emotions such as anger, sadness, or anxiety rise up within us, the journal becomes a generous and faithful friend that receives them all. It serves as the best counsellor to organize our inner world and heal our wounds. It also acts as a mirror that reflects who we truly are and what kind of person we have become. As we write about the challenges and problems we face, the journal becomes a guide that helps us gain new wisdom, find solutions, and discover answers. It also functions as an excellent planner, helping us set priorities for our day, make sound decisions, and stay balanced.

Third, a spiritual journal has the power to change the world. The journal of David Brainerd, a missionary to Native Americans, had a major impact on the life of John Wesley, the founder of the Methodist movement. It also inspired the great Puritan pastor and theologian Jonathan Edwards, as well as legendary missionaries like William Carey, Henry Martyn, and 20th-century missionary Jim Elliot, leading them to devote their lives to gospel ministry. A journal has power.

A spiritual journal is a comprehensive practice that integrates various Christian spiritual interventions. All the spiritual disciplines mentioned earlier can be included within the spiritual journal. I am convinced that if Christians consistently write a spiritual journal, it will become daily training for overcoming negative desires. For this reason, I have developed a framework for a spiritual journal that believers can practice every day. This framework is specifically focused on overcoming negative desires and incorporates key principles of Christian spiritual interventions.

The structure of the spiritual journal Is as follows:

1. What was the result of my negative desire today?
Emotion:
Thought:
Action:

2. What does Jesus say about this? Meditation
Bible verse God gives me:
Relationship with God, myself, others:
Message received during prayer:
Person I need to forgive and why:

Endnote

1. Anthony A. Hoekema, *Created in God's Image*, trans. Yong Joong Lee (Seoul: Revival and Reformation, 2012), 163.
2. Ibid., 238.
3. William H. Goold, *The Works of John Owen, Vol. 1: The Nature, Power, Deceit, and Prevalency of the Remain*ders of Indwelling Sin in Believers, trans. Gwi-Taek Kim (Seoul: Revival and Reformation, 2009), 22–23.
4. Korean Bible Society, *Greek Dictionary of the Bible*, trans. Chang-Hwan Park (Seoul, 1965), 170.
5. John Nolland, *Luke (Volume 2), WBC Commentary*, trans. Kyung-Jin Kim (Seoul: Solomon, 2005), 339.
6. Darrell L. Bock, *Luke 2, BECNT Commentary*, trans. Ji-Chul Shin (Seoul: Revival and Reformation, 2017), 1117-8.
7. I. Howard Marshall, *Luke 2, International Critical Commentary*, trans. Yo-Seob Kang (Seoul: Korea Theological Research Institute, 1996), 583.
8. Gerald F. Hawthorne, *Philippians, WBC Commentary*, trans. Chun-Seok Chae (Seoul: Solomon, 1999), 138.
9. Peter T. O'Brien, *The Epistle to the Philippians, NIGTC* (Grand Rapids: Eerdmans, 1991), 129.
10. Gary S. Shogren, Thessalonians, Zondervan Exegetical Commentary, trans. Hwa-Ryong Han (Seoul: Dimode, 2019), 141.
11. N.T. Wright, *Paul for Everyone: Galatians and Thessalonians*, trans. Chul-Min Lee (Seoul: IVP Korea, 2012), 155.
12. John Stott, *The Message of Ephesians, BST Series*, trans. Ok-Bae Jung (Seoul: IVP, 2007), 91-92.
13. Andrew T. Lincoln, *Ephesians, WBC Commentary*, trans. Yong-Deok Bae (Seoul: Solomon, 2006), 290-1.
14. Ralph P. Martin, *James, WBC Commentary*, trans. Chan-Hyuk Hong (Seoul: Solomon,

2001), 195.

15 Craig L. Blomberg & Mariam J. Kamell, *James, Zondervan Exegetical Commentary*, trans. Ok-Bae Jung (Seoul: Dimode, 2014), 76.
16 Stephen S. Smalley, *1, 2, 3 John, WBC Commentary*, trans. Ho-Jin Cho (Seoul: Solomon, 2005), 173.
17 Moody. Smith, *1, 2, 3 John, Interpretation Commentary*, trans. Seung-Won Yoo (Seoul: Korean Presbyterian Press, 2001), 100-101.
18 Edmund P. Clowney, *1 Peter Exposition, BST Series*, translated by Ok-bae Jeong (Seoul: IVP, 2008), 83.
19 Pheme. Perkins, *1 Peter, 2 Peter, James, and Jude, Modern Bible Commentary*, translated by Jong-ki Park (Seoul: Korean Presbyterian Church Publishing House, 2004), 78.
20 Warren W. Wiersbe, *1 Peter Exposition*, translated by Jeong-woo Nam (Seoul: Nachimban, 2004), 44.
21 Ramsey. Michaels, *1 Peter, WBC Commentary*, translated by Mun-jae Park (Seoul: Solomon, 2006), 193-4.
22 Ramsey. Michaels, *1 Peter, WBC Commentary*, 197.
23 Edmund P. Clowney, *1 Peter Exposition, BST Series*, 85.
24 Alister E. McGrath, *What is Theology?*, translated by Ki-chul Kim (Seoul: Bok Inneun Saram, 2014), 853.
25 Richard Stothert & Albert H. Newman, *Newman in Nicene and Post-Nicene Fathers, Series I, Volume 4*, (Grand Rapids, MI: WM.B. Eerdmans Publishing Company, 1974), 103.
26 Augustine, *Confessions and Enchiridion*, translated by Albert C. Outler (Grand Rapids: Christian Classics Ethereal Library Dallas, 1955), 33.
27 Richard Stothert & Albert H. Newman, *Newman in Nicene and Post-Nicene Fathers, Series I, Volume 5* (Grand Rapids, MI: WM.B. Eerdmans Publishing Company, 1974), 125.
28 Alister E. McGrath, *What is Theology?*, 856.
29 Ibid., 119.
30 Peter. Brown, *The Body and Society*, (New York: Columbia University Press, 1988), 405.
31 Augustine, *Confessions and Enchiridion*, 40.
32 Ibid., 74.
33 Augustine, *The City of God*, translated by Dods. Marcus in Nicene and Post-Nicene Fathers of the Christian Church Vol.2, edited by Schaff, Philip (NY: The Christian Literature Publishing Co., 1890; Grand Rapids: Christian Classics Ethereal Library), 380.
34 Alister E. McGrath, *What is Theology?*, 851.
35 Alister E. McGrath, *What is Theology?*, 853.
36 Lee Eun-sun, "Augustine's Spirituality and Sanctification," *Bible and Theology*, Vol. 23 (1998): 408.
37 Augustine, *The City of God*, 710.

38 Lee Eun-sun, "Augustine's Spirituality and Sanctification," *Bible and Theology*, 411.
39 John. Calvin, *Institutes of the Christian Religion (Vol. 2)*, trans. Jong-heup Kim et al. (Seoul: Word of Life Press, 2014), 93.
40 John. Calvin, *Institutes of the Christian Religion (Vol. 1)*, trans. Jong-heup Kim et al. (Seoul: Word of Life Press, 2014), 399-400.
41 Lee, O-Gab. "Calvin's Doctrine of Desire." *Bible and Theology*, Vol. 46 (2008): 244.
42 John. Calvin, *Institutes of the Christian Religion (Vol. 2)*, 87-89.
43 John. Calvin, *Institutes of the Christian Religion (Vol. 1)*, 375-376.
44 John. Calvin, *Institutes of the Christian Religion (Vol. 3)*, trans. Jong-heup Kim et al. (Seoul: Word of Life Press, 2014), 380-381.
45 Jang, Hae-Kyung. "An Exegetical Study on Calvin's Doctrine of the Mortification of Sin." *New Testament Studies*, Vol. 8, no. 2 (2009): 265.
46 John. Calvin, *Institutes of the Christian Religion (Vol. 2)*, trans. Jong-heup Kim et al. (Seoul: Word of Life Press, 2014), 81-82.
47 John. Calvin, *Institutes of the Christian Religion (Vol. 2)*, 96.
48 Jang, Hae-Kyung. "An Exegetical Study on Calvin's Doctrine of the Mortification of Sin." *New Testament Studies*, 267.
49 Randall C, Gleason. "John Calvin and John Owen: A Comparison of Their Teaching on Mortificaion." (Th. D. thesis, Dallas Theological Serminary, 1992), 104.
50 John. Calvin, *Romans and Philippians, John Calvin's Bible Commentaries, Vol. 7*, trans. John Calvin Bible Commentary Publishing Committee (Seoul: Bible Educational Publishing House, 1992), 210-211.
51 Oh, Chang-Rok. "Calvin's Understanding of the Doctrine of Mortification and the Life of the Believer." *Gwangshin Journal*, Vol. 23 (2013): 66-67.
52 Jang, Hae-Kyung. "An Exegetical Study on Calvin's Doctrine of the Mortification of Sin." *New Testament Studies*, 269-270.
53 Oh, Chang-Rok. "Calvin's Understanding of the Doctrine of Mortification and the Life of the Believer." *Gwangshin Journal*, 70-71.
54 Lucien J. Richard, *The Spirituality of John Calvin*. (Atlanta: John Knox Press, 1974), 126.
55 James I. Packer, *A Quest for Godliness: The Puritan Vision of the Christian Life*. (Wheaton, IL: Crossway Books, 1990), 201.
56 John. Owen, *Reformed Pneumatology*, translated by Lee Geun-Soo. (Seoul: Yeosulun, 1988), 383.
57 John. Owen, *The Works of John Owen*, edited by William H. Goold. (London: Banner of Truth Trust, 1965-1968, Volume 2), 422.
58 John. Owen, *The Works of John Owen*, edited by William H. Goold. (London: Banner of Truth Trust, 1965-1968, Volume 6), 182.
59 John. Owen, *The Works of John Owen, Volume 7*, 509.

60 John. Owen, *The Works of John Owen, Volume 6*, 22.
61 John Owen, *The Works of John Owen, Volume 3*, 475.
62 John Owen, *The Works of John Owen, Volume 6*, 11-25.
63 Song. Sam-Young, *Meeting the Giants of Spirituality*, (Seoul: Nexus CROSS, 2009), 111-2.
64 John. Owen, *The Works of John Owen, Volume 6*, 33-40.
65 William H. Goold, *Indwelling Sin in the Believer*, 56.
66 Ibid., 158-159.
67 John. Owen, *The Works of John Owen, Volume 3*, 539-41.
68 John. Owen, *The Works of John Owen, Volume 6*, 9-11.
69 John. Owen, *Mortifying Sin*, translated by Seomun Kang. (Seoul: SFC Publishing, 2004), 20.
70 John. Owen, *The Works of John Owen, Volume 3*, 540.
71 John. Owen, *Mortifying Sin*, 109.
72 John. Owen, *The Works of John Owen, Volume 6*, 8.
73 John. Owen, Mortifying Sin, 38.
74 Ibid., 54.
75 Ibid., 9.
76 Yoon, Jong-Hoon. "A Reformed Understanding of the Relationship Between Grace and Duty in John Owen's Doctrine of the Mortification (Suppression) of Sin and Sanctification." *Journal of Historical Theology*, Vol. 7 (2004): 15−22.
77 John. Owen, *The Works of John Owen, Volume 3*, 554.
78 Ira J. Hesselink, *On Being Reformed: Distinctive Characteristics & Common Misunderstandings*. (New York: Reformed Church Press, 1988), 34-5.
79 Ibid., 37-8.
80 Gerrit C. Berkouwer, *Geloof en Volharding*, Translated by Robert D. Knudsen. Faith and Perseverance. (Grand Rapids: W. B. Eerdmans, 1958), 156-62.
81 Gerrit C. Berkouwer, *Geloof en Heiliging*, Translated by John Vriend. Faith and Sanctification. (Grand Rapids: W. B. Eerdmans, 1952), 56-8.
82 Gerrit C. Berkouwer, *Geloof en Heiliging*, 23-5.
83 Gerrit C. Berkouwer, *Conflict met Rome*, Translated by David H. Freeman. The Conflict with Rome. (Philadelphia: The Presbyterian and Reformed, 1957), 144.
84 Gerrit C. Berkouwer, *Geloof en Heiliging*, 78.
85 Gerrit C. Berkouwer, *Geloof en Heiliging*, 93.
86 Ibid., 119.
87 Ibid., 139.
88 Gerrit C. Berkouwer, *Geloof en Heiliging*, 147-60.
89 Gerrit C. Berkouwer, *De Zonde I, II*, trans. Philip C. Holtrop, Sin. (Grand Rapids: W. B. Eerdmans, 1971), 264−265.

90 Gerrit C. Berkouwer, *Geloof en Heiliging*, 112.
91 John. Calvin, *Institutes of the Christian Religion*, vol. 2, 410-411.
92 Gerrit C. Berkouwer, *Geloof en Volharding*, 136-139.
93 Ibid., 152.
94 Gerrit C. Berkouwer, *Geloof en Heiliging*, 65.
95 William H. Goold, *The Works of John Owen, Vol. 1: The Nature and Power of Indwelling Sin in Believers*, 24.
96 Abraham H. Maslow, *Motivation and Personality*. (New York: Harper and Row, 1970), 35-47.
97 Abraham H. Maslow, *Motivation and Personality*, 35-8.
98 Ibid., 39-43.
99 Abraham H. Maslow, *Motivation and Personality*, 43-45.
100 Ibid., 45-46.
101 Ibid., 46-47.
102 Mark E. Koltko-Rivera, "Rediscovering the Later Version of Maslow's Hierarchy of Needs: Self-Transcendence and the New Highest Level of Needs," *Review of General Psychology*, Vol. 10, No. 4 (2006): 305.
103 David C. McClelland, *The Achievement Motive*. (New York: Appleton-Century-Croft, 1953), 32-34.
104 Kim, Gui-Hyun. "A Theoretical Review on the Need for Achievement," *Journal of Human Resource Management*, Vol. 20, No. 2 (1997): 217.
105 Jeong, Gap-Doo. "The Influence of Personal Needs and Self-Esteem on Job Stress," *Journal of the Korean Organizational Society*, Vol. 6, No. 1 (2009): 169-70.
106 Jennifer M. George & Gareth R. Jones, *Organizational Behavior*. (NJ: Prentice Hall, 2002), 56-8.
107 Kwon. Seokman, *Modern Psychological Therapy and Counseling Theories*. (Seoul: Hakjisa, 2024), p. 379.
108 Kwon. Seokman, *Modern Psychological Therapy and Counseling Theories*, p. 386-7.
109 Gerald. Corey, *Theory and Practice of Counseling & Psychotherapy*. (CA: Thomson Learning, Inc, 2005), p. 317.
110 Walter. Brueggemann, *Genesis, Interpretation: A Bible Commentary for Teaching and Preaching*, translated by Kang Seong-yeol. (Seoul: Korea Presbyterian Church Publishing House, 2000), p. 334.
111 Bruce K. Waltke & Cathi J. Fredricks, *Genesis Commentary,* translated by Kim Gyeong-yeol, Seoul: New Wave Plus, 2018, p. 651
112 Gordon J. Wenham, *Genesis, WBC*, translated by Yun Sang-Moon and Hwang Su-Cheol (Seoul: Solomon, 2001), 461-4.
113 Victor P. Hamilton, *Genesis II, NICOT*, translated by Lim Yo-Han (Seoul: Revival and

Reform Press, 2018), 397-402.
114 Ibid., 332-4.
115 Karen. Armstrong, *In the Beginning: A New Interpretation of Genesis*. (New York: Ballantine, 1996), 85.
116 Gordon J. Wenham, *Genesis, WBC*, 447.
117 Ralph W. Klein, *1 Samuel, WBC*, trans. Kim Kyung-Yeol. (Seoul: Solomon, 2004), 294.
118 John A. Motyer, *IVP Bible Commentary: Old Testament*, trans. Kim Sun-Young et al. (Seoul: IVP Korea, 2005), 425.
119 Walter Brueggemann, *First and Second Samuel: Interpretation: A Bible Commentary for Teaching and Preaching*. (Kentucky: Westminster John Knox Press, 1990), 332-334.
120 Dennis T. Olson, Numbers, *Interpretation: A Bible Commentary for Teaching and Preaching*, trans. Cha Jong-Soon. (Seoul: The Presbyterian Publishing House of Korea, 2000), 165.
121 Timothy R. Ashley, *The Book of Numbers: The New International Commentary on the Old Testament*. (Grand Rapids: Wm. B. Eerdmans Publishing Co., 1993), 303.
122 Timothy R. Ashley, *The Book of Numbers: The New International Commentary on the Old Testament*, 305.
123 John A. Motyer, *IVP Bible Commentary: Old Testament*, 254.
124 James R. Edwards, *The Gospel According to Luke, PNTC*, trans. Kang Dae-Hoon. (Seoul: Revival and Reformation Press, 2019), 701.
125 Darrell L. Bock, *Luke, BECNT*, trans. Shin Ji-Chul. (Seoul: Revival and Reformation Press, 2017), 828.
126 David E. Garland, *Luke: A Commentary, Zondervan Exegetical Commentary on the New Testament*, trans. Jung Ok-Bae (Seoul: Dimode Publishing, 2018), 829.
127 I. Howard Marshall, *IVP Bible Commentary: New Testament*, trans. Kim Jae-Young and Hwang Young-Cheol. (Seoul: IVP Korea, 2005), 237.
128 James R. Edwards, PNTC, 701.
129 Craig S. Keener, *IVP Bible Background Commentary: New Testament*, trans. Jung Ok-Bae (Seoul: IVP Korea, 1998), 278.
130 Leon. Morris, *Luke, Tyndale New Testament Commentary*, trans. Lee Jung-Seok. (Seoul: Christian Literature Mission, 1980), 390.
131 I. Howard Marshall, *Luke 2, International Critical Commentary*, trans. Kang Yo-Seop. (Seoul: Korea Theological Research Institute, 1996), 449.
132 David E. *Garland, Luke, ZECNT*, 831.
133 John. Nolland, *Luke Volume 2, WBC*, trans. Kim Kyung-Jin. (Seoul: Solomon, 2005), 106.
134 Frederick F. Bruce, *The Gospel of John 1*, trans. Suh Moon-Kang. (Seoul: Logos, 2009), 214.
135 Andreas J. Köstenberger, *John, BECNT*, trans. Shin Ji-Chul and Jeon Kwang-Gyu (Seoul:

Revival and Reformation Press, 2017), 216.
136 Edwin A. Blum, *John, BKC*, trans. Lim Seong-Bin. (Seoul: Duranno, 1989), 59.
137 Donald A. Carson, *The Gospel According to John, PNTC*, trans. Lim Seong-Bin. (Seoul: Solomon, 2017), 389.
138 Bruce Milne, *The Message of John, BST Series*, trans. Jung Ok-Bae. (Seoul: IVP, 1995), 107.
139 Grant R. Osborne, *Matthew: Exegetical Commentary, Zondervan Exegetical Commentary on the New Testament*, trans. Kim Seok-Geun (Seoul: Dimode Publishing, 2005), 95.
140 Richard T. France, *The Gospel of Matthew, NICNT*, trans. Kwon Dae-Young and Hwang Eui-Moo. (Seoul: Revival and Reformation Press, 2019), 107.
141 Michael Green, *The Message of Matthew, BST Series*, trans. Kim Jang-Bok (Seoul: IVP Korea, 2005), 84.
142 David. Turner, *Matthew, BECNT*, trans. Bae Yong-Deok. (Seoul: Revival and Reformation Press, 2013), 119.
143 Michael. Green, *BST Series*, 85.
144 Grant R. Osborne, *ZECNT*, 95.
145 Ibid., 109.
146 Donald A. Hagner, *Matthew, WBC*, trans. Chae Chun-Seok (Seoul: Solomon, 1999), 136.
147 Michael. Green, *The Message of Matthew, BST Series*, trans. Kim Jang-Bok (Seoul: IVP Korea, 2005), 89–90.
148 James R. Edwards, *The Gospel According to Luke, PNTC*, 585.
149 Craig S. Keener, *IVP Bible Background Commentary: New Testament*, 268.
150 I. Howard Marshall, *Luke 2, International Critical Commentary*, 314.
151 Darrell L. Bock, *Luke 2, BECNT*, 524–525.
152 Simon J. Kistemaker, *The Parables of Jesus*, trans. Kim Geun-Soo & Choi Gap-Jong. (Seoul: Christian Literature Mission, 1986), 235
153 David E. Garland, *Luke: A Commentary, Zondervan Exegetical Commentary on the New Testament*, 694.
154 Simon J. Kistemaker, *The Parables of Jesus*, 235–236.
155 Siang Y. Tan, *Counseling and Psychotherapy: A Christian Perspective*. (Grand Rapids: Baker Academic, 2022), p. 413.
156 Siang Y. Tan, *Counseling and Psychotherapy: A Christian Perspective*, pp. 414–431.
157 Eck, B. E. (2002). "An Exploration of the Therapeutic Use of Spiritual Disciplines in Clinical Practice. *Journal of Psychology and Christianity*, 21, 273.
158 Gary R. Collins, *Christian Counseling, trans. by Korean Association for Christian Counseling and Psychotherapy*. (Seoul: Duranno, 2008), p. 214.
159 Jung. Jung-sook, *Christian Counseling*. (Seoul: Bethany Publishing, 2002), p. 28.
160 P. Scott Richards & Allen E. Bergin, *A Spiritual Strategy for Counseling and Psychother-*

apy. (Washington: American Psychological Association, 2005), p. 13.
161 John. Owen, *The Works of John Owen, Volume 3*, p. 475.
162 Judy. Cha, *Who You Are: Internalizing the Gospel to Find Your True Identity*. (Grand Rapids: Zondervan, 2023), 3–11.
163 David Michie, "Narrative Therapy, Trauma and Growth", C9260, June 4, 2024, Perth Bible College.
164 John Kabat-Zinn, *Wherever You Go, There You Are: Mindfulness Meditation in Everyday Life*. (New York: Hyperion, 1994), p. 4.
165 Katherine. Thompson, *Christ-Centered Mindfulness: Connection to Self and God*. (North Sydney: Acorn Press, 2018), p. 60.
166 John W. Kleinig, *Grace Upon Grace: Spirituality for Today*. (Missouri: Concordia Publishing House, 2008), p. 87-150.
167 John W. Kleinig, "Oratio, Meditatio, Tentatio: What Makes a Theologian?" *Concordia Theological Quarterly*, Vol. 66/3 (2002): 255-268.
168 Philip. Yancey, *The Scandal of Forgiveness: Grace Put to the Test*. (Nashville: Harper Collins Religious US, 2021), p. 64.
169 D. Patrick Miller, *A Little Book of Forgiveness: Challenges and Meditations for Anyone With Something to Forgive*. (Napa: Fearless Books, 2004), p. 63.
170 Ken. Sande, *The Peacemaker: A Biblical Guide to Resolving Personal Conflict*. (Ada: Baker Books, 2004), p. 22.
171 Elizabeth A. Gassin, Forgiveness, Ritual, and Sacrament. Olivet Nazarene University, 2013, pp. 14-16.
172 Ken. Sande, *The Peacemaker: A Biblical Guide to Resolving Personal Conflict*, p. 126.
173 https://www.psychologytoday.com/us/blog/mindful-anger/201409/how-do-you-forgive-even-when-it-feels-impossible-part-1.
174 Jonathan. Edwards, *The Works of President Edwards, Vol. 3 of 4: In Four Volumes* (London: Forgotten Books, 2019), 9.
175 Jonathan. Edwards, *The Works of President Edwards, Vol. 3 of 4: In Four Volumes*, 11.
176 JoongAng Ilbo – https://www.joongang.co.kr/article/23538982.
177 Virginia. Woolf, *The Diary of Virginia Woolf, Volume 3*. (New York: Harcourt Brace Jovanovich, 1980), 3.